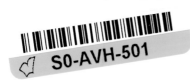

1958年，當時已投入地下運動的曼德拉與第二任妻子溫妮結婚，曼德拉於1962年被捕，兩人的婚姻聚少離多，即使曼德拉於1990年出獄，漸行漸遠的兩人終在1996年離婚。（路透社）

1962年，四十四歲的曼德拉在倫敦。也在同一年，遭南非當局以非法出國名義逮捕。（路透社）

曼德拉1990年獲釋後與老友奧利佛．譚波共舞。兩人從大學時代結識即為好友，除一同創立非洲民族議會青年團，1952年還共同成立南非第一家黑人法律事務所。（Corbis）

克里斯．哈尼是非洲民族議會90年代的政治明星，1993年遭槍殺身亡，使南非的種族對立危機一觸即發，但曼德拉用冷靜沉著即時發表談話，化解了一場危機。（Corbis）

席蘇魯是曼德拉一生友人與導師，大學畢業後無所事事的曼德拉，因為遇到席蘇魯，開始轉念法律系，並投入反對運動，改變了一生的命運。（Corbis）

1994年，已從囚犯變成總統參選人的曼德拉，重回羅本島囚房。曼德拉認為，他一生中最重要的導師就是監獄。（Corbis）

1995年，曼德拉再次重回羅本島石灰採石場，這是當時囚犯的勞動工作。（Corbis）

1990年2月，坐牢二十七年的曼德拉在妻子溫妮與支持者的簇擁下，英雄式地出獄。（Corbis）

1990年2月出獄後，與老友席蘇魯（左一）、妻子溫妮（右二）以及家人開心合影。（Corbis）

1993年，因與南非總統戴克拉克致力化解種族對立，同獲諾貝爾和平獎，聲望再往上攀升。（Corbis）

曼德拉以支持白人的橄欖球運動成功化解種族對立，使國家代表隊跳羚隊在士氣高昂下奪得1995年世界杯冠軍，隊長法蘭索瓦．皮納爾從曼德拉手上接過冠軍獎盃。（路透社）

1994年，南非舉行第一次不分種族的民主選舉，曼德拉成為總統。他以自信的微笑，給南非的和平帶來希望。（Corbis）

曼德拉在獄中時，就體認到瞭解敵人的重要性，於是開始學白人的語言，瞭解白人的喜好，他戴上跳羚隊的球帽化解種族對立已成歷史佳話，還改拍成電影《打不倒的勇者》。（Corbis）

因為參與政治，一生情感浮沉的曼德拉，1996年與溫妮離婚後，於1998年八十歲大壽時與格拉薩結婚，終於在晚年找到真愛。（Corbis）

只當了一任總統隨即卸任投入社會工作的曼德拉，2005年由影星威爾史密斯等人發起關懷愛滋的募款音樂會，衣服上的46664為曼德拉坐牢的囚犯編號，中為妻子格拉薩。（Corbis）

2007年，八十九歲生日當天，與諾貝爾和平獎得主尤努斯（左二）、愛爾蘭前總統瑪莉．羅賓遜（左三）、前聯合國安理會理事長安南（左四）、美國前總統卡特（右四）等共同成立了長老會，要為全世界的重要議題發聲。（Corbis）

2008年，慶祝九十歲生日的曼德拉，以其溫暖的微笑與智慧，成為上天給世人最好的禮物。（Corbis）

曼德拉的禮物

十五堂關於生命、愛與勇氣的課

Richard Stengel｜理查・史丹格——著　郭乃嘉——譯

Mandela's Way

Fifteen Lessons on Life, Love, and Courage

獻給安東（Anton）和蓋布瑞爾（Gabriel）

目錄

多想想曼德拉會怎麼做

——王丹（作家）

在當代政治人物之中，曼德拉在全世界受到的尊崇是別人難以望其項背的（也許只有捷克前總統哈維爾可以並肩）。這種聲譽固然有他坐牢二十多年傳奇經歷的因素，但是一定也有一些他個人的內在特質做為堅強支撐。否則，在前共產國家不乏曾經坐牢的反抗英雄，但是在國際政壇上幾乎都是彗星般流逝了（例如波蘭前總統瓦文薩）。到底，曼德拉具備哪些獨特的氣質，使得他不僅幾乎是以個人的威望改寫了南非的歷史，而且長期以來聲望不墜，以至於國際搖滾巨星都會為他的生日舉辦演唱會？這是《曼德拉的禮物》一書的作者，曾經與曼德拉朝夕相處了三年的美國《時代》雜誌執行總編輯理查．史丹格要告訴讀者的。

當然，沒有一個偉大人物身上只具備一兩條迷人的特質的，他們都是複雜的集合體，並因而呈現出多層次的豐富魅力。但是對於那些在歷史的塵埃落定之後，再來從各種記載中瞭解這些偉大人物的我們來說，不同的讀者會各自擷取自己最感興趣的部分，作為自己的思想養分。而對於我來說，《曼德拉的禮物》中所呈現出來的曼德拉眾多迷人特質之中，有兩條我覺得是彌足珍貴的。

第一：他的微笑及其含義。

提到曼德拉，最為人所記憶的畫面，就是當他走出監牢之後，在全世界的新聞媒體面前，臉上流露出的那一絲微笑。隨後，在南非轉型正義的過程中，曼德拉始終面帶微笑，並提出了寬恕的原則，與曾經關押他的政權的代表共同合作。這使得他的微笑成為戰勝苦難，以德報怨的標籤。然而，從史丹格筆下我們可以看到，曼德拉的微笑還有一層精神含義，就是放空自己，以及那種隨遇而安的自在。

政治這個場域，是一個激烈的競技場。大家都費盡心機，讓自己得到最佳的位置和資源。然而很少有人懂得：往往，不去爭，反倒是最有力的戰略位置。曼德拉最為人所讚頌的，就是在明明可以順利連任總統的情況下，主動而堅決地放棄連任。而且在退休以後，堅決不對繼任者的政策發表評論。

作為一個曾經為推翻種族隔離制度坐了幾十年牢的政治犯來說，延續政治生命是一種自我補償和難以忘懷的責任，苦難的過去成為他的道德至高點，只要他堅持，外界是不會責難的。然而曼德拉懂得：為所有的議題力爭到底並沒有好處，有時候最好的應對之道是退出，有些情況省下自己的力氣反而比較好。正是因為他不執著於為個人的資源打拚，他才得到了更多的資源。那些為了爭奪資源而頭破血流的政客們，就是無法懂得這個放空自己的道理。

第二：就是真誠。

真誠，並不是什麼聽起來高深莫測的品質，然而，真正能夠做到，其實是很不容易的事情。一個以公眾評價作為職業成功與否基礎的人，很難做到不去迎合外界期待，或者掩飾自己的弱點。而真誠難以做到，也是因為它是很難偽裝出來的。

我們見過太多政治人物，聰明固然聰明，但是或許由於太聰明的緣故，總是會給人一種難以信任的距離感。無論他如何舌燦蓮花，甚至可能表達的都是真意，但是大家總會有那麼一絲不信任的陰影在心中掠過。這是因為，偽裝型的政治人物讓我們看到的，都是一個政治人的形象，然後我們才能看到他是一個什麼樣的「人」；而一個真誠的政治人物，讓我們看到的首先是一個「人」，然後才是一個政治人。曼德拉就是後者。

對此《曼德拉的禮物》中有這樣的描述：「曼德拉是一個有許多矛盾特質的

人。他臉皮厚卻也容易受傷。他善於感受別人的感覺，卻往往忽略最親近的人。他對錢很大方，但給小費時，卻會計較幾個銅板。他不願踐踏蟋蟀或蜘蛛，卻是非洲民族議會武裝支派的第一位領袖。他和人民打成一片，卻也樂於和名流作伴。他急於取悅人，卻不害怕拒絕人。他不喜歡居功，但也會讓人知道何時應該歸功於他。他和廚房裡的每個工作人員握手，卻記不得任何貼身護衛的名字。」

每個人都是矛盾的集合體，但奇怪的是，每個人都力圖讓自己顯得始終如一，於是大家拚命去調和矛盾的地方。敢於展現這樣的矛盾，才是真誠的不二法門。因為有了這樣的矛盾的呈現，我們才看到了一個活生生的人。他不會因為是政治人物而表面上光鮮亮麗，他也具有我們每個人都有的矛盾之處。曼德拉的親和力，就來自這種對自己作為一個「人」的身分的毫不掩飾。放眼天下的政治人物，我們不能不沉痛地說，這是多麼難得的品質啊。

《曼德拉的禮物》向讀者推薦的還有很多其他的特質，比如發現別人的優點，把握核心原則，懂得適時拒絕等等，可以說，這是一本很實用的書。作者在完成這部作品之後時常自問：「在這種情況下，曼德拉會怎樣做？」假如我們的讀者在讀完本書後也能經常這樣提問，我必須說，他的人生有福了。

為什麼臺灣沒有曼德拉？

——張鐵志（作家，哥倫比亞大學政治學博士候選人）

這是一本關於英雄的書。

「英雄是抱有某種信念，膽識過人，可能為了群體利益而拿自己生命冒險的人。」曼德拉這麼說。

英雄的故事，往往可以啟發人們，鼓舞更多人起而為群體利益而獻身。

二十世紀歷史上，我們看到不少帶領被壓迫者起來反抗，並改變歷史的偉大英雄：和卡斯楚一起贏得古巴革命、但隨後放棄政治權力、繼續革命最後死在山中的浪漫革命家切格瓦拉；以非暴力理念帶領美國黑人推動民權運動、卻不幸被暗殺的金恩博士；提倡「無權力者的權力」、要人們面對謊言與恐懼但必須「活在真實中」的哈維爾；以及被囚禁二十多年，卻以堅定信念和智慧迫使南非放棄種族隔離、進行民主轉型的曼德拉等等。

這幾個英雄介入歷史的取徑不同，個人命運也都不同，但當然都有許多值得被書寫的、被學習的人格特質。但曼德拉知道，英雄不是產生於真空之中。「由於曾有無數男女拿自己的生命冒險，他才能做同樣的冒險；由於有無數男女曾做出不為人知、遭人忘卻的英勇之舉，他才能展現自己的英勇之舉。」如本書所說。

同樣的，英雄之所以被詮釋為英雄，也是產生於特定的政治環境。

說來有趣，南非和臺灣的歷史軌跡，雖然有巨大差異，但也有某種近似性：兩者都有一個長期執政的威權政體（這個威權政黨都叫國民黨），政治權力都是集中在少數族群手上，都是在八〇年代末進行了民主轉型。

如同曼德拉和他的許多同志，在臺灣幽暗的威權歷史上，也有許多反抗者為了爭取正義和自由犧牲他們的生命和青春，被囚禁、被消失、被黑暗籠罩。但是，臺灣有自己的曼德拉、有一個反抗者的道德典型讓人們尊敬嗎？

我們當然可以不需要一個曼德拉的巨大身影，但是這個問題卻可以映照民主臺灣的許多瘡口。

一方面，許多反對運動的政治領袖是在政治權力的交易中把靈魂賣給了魔鬼，包括那些取得政治權力與那些想取得但未成功的。當然，也有真正堅持道德的政治領袖退出了政治場域。

另方面，從戰後初期到八〇年代民主化後，有許許多多的英雄身影在黑暗之中，或在走出黑暗後，踽踽獨行。但如今他們多半被湮沒在歷史的荒原之中。

在個人的生命選擇之外，有一個更大的結構性問題：我們還沒有如南非般重新認識歷史、書寫歷史。在民主化後的南非，曼德拉及其所代表的政治力量被視為是正義的一方，原來的威權體制則是歷史上錯誤的一邊。南非政府也成立了「真相調查與和解委員會」，來檢視歷史真相。這是所謂的「轉型正義」：亦即在新興民主體制下，人們對過去的歷史進行道德判斷，對於那些迫害人權的個人、政策與制度予以道德譴責、甚至處罰。

但臺灣在轉型正義的工作上是貧乏的，尤其是官方體制。我們雖然承認獨裁體制下產生許多受害者，但是至今沒有指認加害者，沒有集體反省歷史，在官方的歷史上沒有區分獨裁者與偉人。也因此，很難產生作為反抗者的英雄。

即使沒有臺灣的曼德拉，但起碼我們可以早日掀開歷史之塵，看見更多無名英雄，還給歷史一個正義。

曼德拉序

非洲有「烏班圖」（ubuntu）這個概念——其深意是我們唯有透過他人的人性才能充分為人；我們若是能在人世間有所成就，同樣要歸功於他人的努力和成就。理查·史丹格也是很快就深諳這個道理的人。作為一位傑出作家，他對我們南非的歷史有著深厚的瞭解，我們非常感謝他協力創作《漫漫自由路》（*Long Walk to Freedom*）一書。為那個寫作計畫所做的許多談話和辛勤工作，一起留下了愉快的回憶。對領導力面臨到今日世界與當中個人的諸多複雜挑戰，他別有見地。人人都能藉此獲益良多。

——尼爾森·曼德拉，二〇〇八年十一月

引言——一個複雜的人

我們嚮往英雄，無奈英雄何其少。尼爾森・曼德拉也許是世上最後一位真正的英雄。他是犧牲與正直的微笑象徵，是數百萬人心中的活聖人。不過，這個形象只是一個面向。他會搶著告訴你他絕非聖人——而且並非故作謙虛。

曼德拉是一個有許多矛盾特質的人。他臉皮厚卻也容易受傷；他善於感受別人的感覺，卻往往忽略最親近的人。他對錢很大方，但給小費時，卻會計較幾個銅板。他不願踐踏蟋蟀或蜘蛛，卻是非洲民族議會武裝支派的第一位領袖。他和人民打成一片，卻也樂於和名流作伴。他急於取悅人，卻不害怕拒絕人。他不喜歡居功，但也會讓人知道何時應該歸功於他。他和廚房裡的每個工作人員握手，卻記不得任何貼身護衛的名字。

他這個人是非洲王室和英國貴族的混合物。他是身穿非洲絲綢上衣的維多利亞紳士。他的舉止文雅——畢竟，他是從英國殖民者的學校學來的，那裡的校長讀狄更斯作品時，狄更斯還在世寫作呢。他重視禮儀：會微微欠身，伸出手請別人先走。不過，他完全不會講究吃穿或過度正經——他會幾近客觀地細述羅本島（Robben Island）監獄的如廁規矩，或者十六歲在部族儀式中被割去包皮是什麼滋味。他在倫敦和約翰尼斯堡的時候，用的是精緻的銀餐具；但在家鄉川斯凱地區（Transkei）時，則按照當地習俗用手吃飯。

曼德拉對細節一絲不苟。他會從面紙盒裡抽出面紙，然後一張一張折好，放進上衣口袋。我見過他在受訪時，注意到一隻襪子穿反了，當場就脫下鞋子重穿襪子。他在監獄時，把二十多年中所寫信件一一抄錄工整的副本，也對所有來信做了一份詳細清單，註明收信和回信日期。他的床是雙人特大尺寸，他睡在一側，另一側則總是原封不動。他天還沒亮就起床，不論在家或在飯店，他都會把床鋪整齊。我曾目睹飯店清潔人員看到他在鋪床時，一臉震驚的表情。他痛恨遲到，而且認為不守時是人格缺陷。

我從沒見過一個人像曼德拉這樣靜定沈著。當他坐著或聽人說話時，不會敲彈指頭或用腳拍打地面，也不會坐立難安。他不會因為緊張而臉部肌肉抽搐。我為他調整領帶或撫平外套上的縐紋，還是在領口別上麥克風時，總是像在打理雕像一樣。他聽你說話的時候，你會感覺自己面對的是他的照片，幾乎察覺不到他在呼吸。

他是極具魅力的人——也自信有辦法讓你喜歡上他。他待人周到、溫文儒雅又舉止可親，用一個他會討厭的詞來描述，他充滿誘惑力。他也花功夫增進自己的吸引力，和你會面前，他會盡量蒐羅和你相關的資訊。他剛出獄時，會仔細閱讀記者的報導，然後舉出事例個別讚美他們。一如那些最偉大的魅力者，他自己也很容易被吸引——只要讓他知道你被他征服了，就能辦到。

他既有政治魅力也有個人風采。說到底，政治關乎說服，他認為自己並非卓越的溝通者，而是卓越的說服者。他對自己的說服力很有信心。他用邏輯和辯論，或是魅力來說服人——往往是兩者並用。他一向希望能說服人做事，而非命令人做事。不過，必要的時候，他也會命令人做事。

他想要別人愛戴他，喜歡大家崇拜他。他不願讓人失望，他想要和他會面過的人，認為他完全符合期待。要做到這一點，需要具備無窮的精力，他在和每個人會見時都全神貫注，幾乎所有人都得到「完整的曼德拉」。只有在他疲倦時除外，在這種時候他眼皮半垂，似乎站著就睡著了。可是，我從未見過一個人像他這樣，在一夜睡眠之後是如此精神煥發。他可能在晚上十點看似奄奄一息，但八個小時後，到了早上六點看起來又朝氣蓬勃，像是年輕了二十歲。

他的魅力和他對你的熟悉程度成反比。他對陌生人很熱絡，對熟人卻很冷淡。他對所有接近自己的新面孔展露親切溫暖的笑容，但這種笑容只保留給外人。我目睹過不少他和兒女及姊妹共處的場合，他們所認識的曼德拉是個嚴峻、不苟言笑的人，而且對他們的問題毫不關心。他是維多利亞式和非洲式的父親，而非現代父親。要是你問了他不想談的事，他會露出不悅的蹙眉表情，微笑的嘴角也拉下來。千萬不要追問，否則他會變得冷冰冰且不予理會。這種情況一旦發生，就像萬里晴空突然變得烏雲密布。

他幾乎對所有物品都不感興趣——不知道也不在乎汽車、沙發或手錶的品牌——但我見過他派遣一名貼身護衛開一小時車去拿他最愛的筆。在錢財上，他對自己的孩子很大方，但服務生就別指望他會很慷慨。有一次我和他到約翰尼斯堡一家高級飯店餐廳吃午餐，服務生把他侍候得服服貼貼。我們的帳單超過一千蘭特（約四千五百元臺幣），我看著他檢視手中的硬幣，只留下一點零錢當小費。他走之後，我塞了一百蘭特給服務生。這種事我遇到不只一次。

他會維護自己認為對的事，而且是擇善固執。我常常聽到他說：「這是不對的。」無論是生活瑣事或國家大事，他總是用同樣的口吻這樣說。有一次安全警衛的鑰匙打不開他辦公室的門我聽過，和戴克拉克總統（F. W. de Klerk）

就憲法議題進行協商時，我也聽過他如此直言。連被關在羅本島的好些年，他也會對獄監和典獄長說——**「這是不對的。」**基本上，驅使他的正是對不公義的難以容忍，也因為這個動力，使他斷定種族隔離根本上悖離道德且對其大為不滿。他看見不對的事，就試圖矯正。他看見不公義，就試圖去伸張。

*

我怎麼會知道這些事呢？

我曾和曼德拉合作寫他的自傳，一起工作了將近三年，在那段期間，我們幾乎天天見面。我和他一同出訪、吃飯，還幫他繫鞋帶、調整領帶——也花了無數小時談論他的人生與志業。

我和曼德拉的相遇是個意外。我第一次去南非是出於偶然，由於有個記者臨時取消行程，我就接下工作。根據那次的經歷我寫了一本書，跟南非種族隔離下的小鎮生活有關。一位籌備曼德拉回憶錄的編輯碰巧看到我的書，就給了我這個機會和曼德拉一起寫他的生命故事。

我就這樣在一九九二年十二月來到約翰尼斯堡，等著見曼德拉。當時是南非史上一段艱困又詭譎的時期，面臨陷入內戰的危機。曼德拉出獄尚不滿三年，還在努力鞏固自己的勢力，為促成國家首次民主選舉而奮鬥。撰寫自傳絕非他待辦事項表上的首要之事——但他想要說出自己的故事。

他讓我等了快一個月才接見我。不過等我們終於見面時，我卻幾乎把計畫給搞砸了。當時我們約在非洲民族議會（ANC）的舊辦公室，我在前廳坐著等他進門。結果，他卻從另一端走廊走過來。他步履徐緩，幾近慢動作那樣慢條斯理。我最先注意到他的皮膚——是漂亮的焦糖色，柔和的黃褐色。他的五官端正，顴骨很高，有亞洲人的味道。他身高一百八十八公分，身體——頭顱和雙手——似乎都比平常人要大一些。他走近的時候，我站了起來。

「噢，你一定是……」他說，然後等著我報上姓名。

「理查．史丹格。」我說。他伸出手，手掌厚實、溫暖又乾燥，手指圓鼓得像香腸，粗糙的皮膚是長年勞動的結果。他上下打量我。「噢，」他笑著說：「你是個年輕人。」「年輕人」一詞的口氣聽起來顯然不是讚美。他示意要我進去他的辦公室。裡頭寬敞氣派、布置井然有序，看起來像是一個展示用的辦公室，其實卻不然。他和助理談了一下話，這個嬌小俐落的女子遞給他一紙文件要請他簽名。他緩慢且從容地接過文件，顯然他做每件事都不慌不忙。接著他在辦公桌前坐下，讀起文件的內容。他並非瀏覽，而是閱讀——每一個字。他花了幾分鐘讀一頁的文件，然後在尾端慢慢寫下名字，那模樣彷彿他還在練習簽名。

他走了過來，在沙發對面一張老舊的皮椅坐下，詢問我幾時到的。他的聲音有點模糊，像是裝了弱音器的喇叭。

「你是專門為這個寫作計畫來南非，還是有其他目的？」他問。

我心一沉。這個問題暗示光是這個自傳計畫，還不足以特別前來南非。我說專門為寫這本書而來。他點點頭，不多費口舌。

他告訴我，他準備十二月十五日去度假，幕僚排定四、五天的時間供我們討論。他又補上一句，希望我們能在假期前完成寫作計畫，而假期就在十天後。我花了一個月打許多電話，希望能聯絡見他的事，卻毫無回應，而且已經做了好幾個月的準備和資料研究。或許出於積壓已久的挫折感，我提高了點嗓門說：「四、五天？要是你以為談四、五次話就能寫出一本書，你是……你是……」

——我一時找不到恰當的字眼——「自欺欺人。」

我在曼德拉面前還不到十分鐘，就暗示他有些不切實際。他看著我，微微揚起一邊的眉毛，然後站了起來。這是表示我可以離開了。他走回辦公桌，按了對講機對助理說道：「史丹格先生在這裡，我們正試著把時間表排出來。」他說他晚上有個約會，並非急著要我走，不過我可以下星期一早上和他的助理討論。就這樣，我走出他的辦公室——也許也走出他的生活。

到了星期一晚上，我接到電話，得知曼德拉要在隔天早上七點見我。七點整，我們和上回一樣對坐。「我們開始吧。」他說，彷彿法官開庭。我清了清喉嚨，想要先為前幾天的行為道歉。「我很抱歉，我那天對你很……很……」我頓了一下，再度找不到恰當的字眼，「很唐突」。「唐突」（brusque）一詞聽起來很陌生又做作。他微笑望著我——是個被逗樂、體諒，又有點不耐煩的笑容。

「要是你覺得那天說的話『唐突』，你一定是個非常溫和的年輕人。」他緩緩說出brusque這個字，以顫音的 r 起頭，以生硬的 q 結尾。

我笑了出來。

他坐了二十七年牢，獄監往往不把他當人看，他們隨時隨地的粗暴對待，他也不當回事。即使在警方和軍方尚未視他為必須不計一切加以攔阻的恐怖分子，還沒開始追緝他之前，他所生活的南非，白人統治階級也不把他當完整的人看待。那些人都不只是唐突而已。

我們的友誼就是這樣開始的。往後兩年，我進行了七十多小時的訪談，但這些時間和我們作伴的時時刻刻比較之下，相形遜色。我很早就決定，在他能容忍的程度下，我要盡量待在他身邊——一同參與會議、活動、過節和外交出訪。他有個家在約翰尼斯堡近郊的豪頓區（Houghton），我在那裡度過許多時光，一起到他在川斯凱地區的鄉下房子度假，也隨同他出訪美國、歐洲和非洲其他國家。我參與他的競選活動，一同出席談判會議，我盡可能和他如影隨形。我把這些事寫成十二萬字的日記，也成為本書的主要素材。

任何一個常和曼德拉共處的人，都知道這種機會不但是莫大的榮幸，也是絕大的樂事。他閃亮迷人的風采，使你自覺彷彿變得更高大更美好。大多數的時候他都興致高昂、自信、慷慨又逗趣。即使世界的重擔壓在他肩上，他也能輕鬆以待。當你和他在一起的時候，你感覺自己正在經歷創造中的歷史。他讓我進入他大部分的生活，分享他部分的思緒，以及小部分的內心世界。他鼓勵我娶那個後來成為我妻子的南非女子，最後還成為我長子的教父。我敬愛他。我生命中許多最美好的事，都要歸功於他。當自傳完書，我離開他後，我感覺有如失去生命中的太陽。雖然往後多年，我們又見了許多次面，他也和我兩個兒子共度一些時光，他們把他當慈祥的老爺爺，但是他再也不會固定出現在我們生活中了。所以這本書既是對他的感謝，謝謝他對我付出的時間和情感，對其他無緣親身感受曼德拉大氣度和大智慧的人，也是給他們的禮物。

*

曼德拉一生中有過許多老師，但其中最偉大的老師是監獄。監獄塑造了我們今日所見所知的曼德拉。他從許多地方學到人生啟示和領導才能，其中包括頗為疏遠的父親、把他當兒子扶養長大的騰布族[1]酋長、忠實好友與同志華特·席蘇魯（Walter Sisulu）和奧立佛·譚波（Oliver Tambo），英國首相邱吉爾和衣索比亞末代皇帝塞拉西（Haile Selassie）之類的歷史人物和國家領袖，以及馬基維利和托爾斯泰的作品。然而，二十七載的牢獄生涯有如一座熔爐，去蕪存菁，將他鍛鍊得更為堅強。監獄教會他節制、紀律和專注——他認為這些都是領袖氣質的要素——監獄也教他懂得如何做一個完整的人。

出獄時七十一歲的曼德拉，和入獄時四十四歲的他是截然不同的人。譚波是曼德拉的知交也曾是法律合夥人，他在曼德拉入獄後，成為非洲民族議會的主席，他是這麼描述年輕時的曼德拉：「就性格而言，曼德拉情緒化、狂熱又敏感，總是一下就被別人的侮辱和施捨刺痛和反擊報復。」

情緒化？狂熱？敏感？容易被激怒？出獄後的曼德拉完全沒有這些特質，起碼表面上看來是如此。如今的他覺得那些特質很不可取，現在他對人最嚴厲的批

[1] 譯注：騰布族（Thembu），說科薩語的部族，風俗習慣和科薩族相似。

評正是「情緒化」、「太狂熱」，或是「太敏感」。我常常聽到他用來誇獎人的形容是「穩定」、「從容不迫」和「有節制」。我們給他人的讚美反映了我們對自己的觀感——而這些正是他會拿來形容自己的特質。

這位狂熱的革命家是如何成為一位從容不迫的政治家？在獄中，他必須淡化自己對所有事情的反應。囚犯能控制的事非常少，他們唯一可以控制——也必須控制的——就是自己。獄中根本沒有讓他們發怒、放縱或放肆的餘地，囚犯毫無隱私可言。我第一次走進曼德拉在羅本島的囚室時，驚訝得倒抽了口氣。那不是人生活的空間，對曼德拉這麼高大的人尤其不適合。他要是躺著，就無法把腿伸直。很顯然，監獄在實際和象徵的層面上，都塑造著他。獄中沒有空間給無關的動作和情緒，每件事都必須精簡、有條理。每日晨昏，他都必須煞費苦心地打理他那狹小囚房裡僅有的幾件物品。

同時，他每天必須對抗權威。他是囚犯的領袖，不能讓獄友丟臉。要是他退縮或妥協，每個人都看得見或馬上知道。在獄中，他更能強烈察覺同志對他有何觀感。儘管他和外界隔絕，但在這自成世界的監獄中，比起出獄之後，他要做的領導工作不相上下，也許還更多。並且在這裡，他有的是時間——太多的時間——去思考、籌劃，並且不斷改進再改進。二十七年中，他不但思索國家政策，也思考如何應對進退，如何當一位領導人物，以及如何做一個人。

曼德拉不是內省型的人——起碼他不會談論自己內在的感覺或思緒。當我要他分析自己的感覺時，他往往感到挫折——有時還很惱怒。他不懂得現代心理學或心靈成長的學說，他成長的世界沒有受到佛洛伊德影響。他常常悶憂懷想過去的事，但鮮少談論。我只見過一次他顯得自艾自憐。我們當時正在談他的童年時光，他說：「我是一個只能活在過去的老頭。」而說這句話時，他即將成為新南非的總統，創造一個新國家——他人生中最巔峰的時刻。

不過，我不斷持續問曼德拉，監獄是如何改變了他。一九九〇年出獄的他，和一九六二年入獄的他有什麼不同？這個問題讓他不快。他若非不理會，或是給一個刻板答案，不然就是否定他有改變。終於有一天，他氣沖沖地對我說：「我變得成熟。」

我變得成熟。

這話是什麼意思？馬勒侯❷在他的回憶錄中說過，世上最罕見的就是成熟的人，曼德拉也會大表同意吧。在我看來，這句話是瞭解曼德拉這個人及其所領悟最深刻的線索。因為那個敏感和情緒化的年輕人並未消失，他仍在我們今日所見的曼德拉的內心。他所謂成熟，是指學會控制年輕的衝動，而非不再被刺痛、受

❷ 譯注：馬勒侯（André Malraux，1901-76），法國作家，在戴高樂總統時代曾任文化部長。

傷害或發怒。成熟並非總是知道該以什麼方法採取什麼行動，而是能抑制住阻礙人看這世界的情緒和焦慮。有辦法看清事實，就能度過難關。

同時，他瞭解並非人人都能是曼德拉。監獄讓他更加堅強，卻也擊垮許多人。目睹那樣的事讓他更有同理心，而非變得無情。他不曾對那些熬不過的人逞威風，也從未怪罪那些屈服的人，那只是人性的表現。多年下來，他培養出對人性弱點的敏銳察覺力和深刻同情心。從某方面而言，他是為人人能免於他的遭遇而奮鬥。他從未失去那個年輕人的柔軟心腸和敏感性情，而是發展出更堅硬更牢固的殼來保護它。

在今日要寫曼德拉，卻不談另一位具有潛在變革力量的黑人領導者——歐巴馬，是不可能的事。他們有許多共通點。二〇〇八年我去看曼德拉時，正值民主黨總統候選人黨內初選期間。我問他，希拉蕊和歐巴馬你會選哪一個。他對著我舉起一根手指搖了搖，用這個舉世共通的手勢表示：你想讓我惹上麻煩啊。他不願意回答，這是他典型的克制表現。

那種自制，那種無所不在的審慎力，是他們兩人的共通特質。二十七載的獄中光陰才塑造出我們如今所知的曼德拉，四十八歲的美國總統卻不需長年犧牲就擁有曼德拉式性格。歐巴馬的自律功夫，樂於聆聽和分享功勞的能力，願意將對手納入內閣，以及他堅信人民希望政府說明政策，這些特質看來都像二十一世紀版本的曼德拉式性格和價值觀。曼德拉的世界觀形塑於種族政治的熱鍋，歐巴馬正在創造的則是「後種族」的政治模式。無論曼德拉對這位美國新科總統有何看法，在許多方面，歐巴馬都是他在世界舞臺上的真正傳人。

曼德拉的一生不但是我們這個時代的楷模，也將是萬世的典範。你即將讀到的人生啟示，是他從監獄和一輩子的經歷所學到的。這些都是讓他成為一位領導者和典範人物的因素。不過，不是人人都能當曼德拉，他會說你應該為此心懷感激。幸運的是，很少人在生命中必須承受他經歷過的那些苦難。不過，這並非意味這些啟示無法應用在我們的日常生活中，事實上這些啟示很實用。我能這麼說，是因為它們已經讓我的人生更加深刻。對曼德拉而言，監獄淬鍊出人生和領導力的啟示，我企盼能同樣在本書精煉出那些啟示。而你只要付出曼德拉所花代價的千萬分之一，就能學到。

第一堂課　勇氣不是無所畏懼

大多數人會說曼德拉是勇氣的化身。不過，曼德拉定義的勇氣卻有點古怪。他認為勇氣並非與生俱來，不是從傳統學習而來，也並非一服見效的萬靈丹。他認為勇氣是我們「選擇」成為的方式。他會說，沒有人天生勇敢，它就在我們如何應對不同情況的方式中。

在曼德拉的一生，他經歷過不少考驗勇氣的時刻。人們所知的都是那些重大事件、公開和戲劇化的時刻。不過，曼德拉會說，勇氣是日常活動，展現勇氣的方式可大可小。一九九四年我和曼德拉在納塔爾省（Natal）相會時，就曾見過他如何展現勇氣。當時正值南非舉行第一次真正民主的選舉，政治引發的暴力事件已經到了蔓延各地的地步，曼德拉卻選擇搭乘一架小型螺旋槳飛機，到納塔爾省為他的祖魯族（Zulu）支持者演講。他可能根本不應該去。有許多祖魯族支持者遭到對立的祖魯印卡塔自由黨（Inkatha Freedom Party）謀殺，當時的情勢相當危險。他卻堅持要去。

我和曼德拉約定在機場碰面。在飛機預定降落的前二十分鐘，機場人員前來告訴我，小飛機上有一架推進器發生故障，他們打算讓消防車和救護車在停機坪待命，做好準備。他說在這種情形，飛機駕駛通常還是有辦法安全降落。

曼德拉和一名護衛——他的名字是麥克——及兩位駕駛在飛機上。二十分鐘後，在消防車和救護車圍繞的情況下，飛機略微顛簸地落地，曼德拉微笑著走進小候機室，馬上被一車的日本遊客包圍。曼德拉一如既往，一定要和每一個人握手，而且為所有想要拍照的人露出燦爛的笑容。

曼德拉忙著為鏡頭擺姿勢時，我和麥克低聲交談。他告訴我，航程到了三分之二時，曼德拉把身子向他湊過去，指著窗外，冷靜地說推進器看起來故障了。他要麥克去告知駕駛。麥克去到駕駛艙，兩個駕駛很清楚狀況，表示他們已經通知機場，緊急降落的程序已經啟動。他們說八成不會有事。麥克把情形轉告曼德拉，他默默地點點頭，繼續讀報紙。麥克搭機的經驗不多，說自己嚇得發抖，唯一能讓他鎮定的是看著曼德拉。曼德拉則宛如早上搭火車上班的郊區通勤族，一直讀著報紙。麥克說飛機降落時，曼德拉幾乎沒有從報紙擡起頭來過。

曼德拉和遊客握完手後，我們趕忙坐上一部防彈寶馬車的後座，前往集會場所。我問他航程如何，他湊過身子來，瞪大眼睛，用誇張的聲音說：「天哪，剛剛我快嚇死了！」

對於只把曼德拉當偶像的人來說，這事可能讓他們很意外，但我們訪談中有無數次，他提到自己感到恐懼的經驗。在最後裁定將他終身監禁的利沃尼亞審判（Rivonia Trial），他感到恐懼。在羅本島的典獄長威脅要毆打他的時候，他感到恐懼。當他進入地下組織當「黑花俠」❶時候，他感到恐懼。當他暗中和南非政府展開談判的時候，他感到恐懼。在他當上總統的首次民主選舉前的騷動時期，他也感到恐懼。他從來不畏懼說出自己感到恐懼。

他對勇氣的認識始於早年，還是小男孩的時候，曼德拉就聽過丁加尼❷、邦巴塔❸和馬卡納❹這些非洲傳奇領袖的英勇故事。父親在他九歲那年去世後，他被帶到梅奎克齊尼（Mqhekezweni）這個王室村子，由騰布族的酋長瓊金塔巴（Jongintabata）撫養長大。曼德拉的父親是地方族長，同時擔任酋長的顧問。酋長打算栽培曼德拉成為兒子將來繼任為王室的顧問。這位酋長自認位屬非洲歷來英雄名單之列，致力於依循科薩族（Xhosa）習俗和儀式。其中一項儀式造成的陰影讓曼德拉終生難忘。

一九三四年一月，曼德拉十六歲的時候，他和二十五個同齡的男孩被隔離安

❶ 譯注：黑花俠（Black Pimpernel），二十世紀初法國冒險小說和舞臺劇《紅花俠》（*The Scarlet Pimpernel*），描寫法國大革命期間一位暗中助人的俠客。曼德拉在初期轉入地下活動之後，因為善於偽裝逃避追緝，於是媒體給了他黑花俠的封號。

❷ 譯注：丁加尼（Dingane kaSenzangakhona，1795-1840），十九世紀領導祖魯人對抗布爾人的祖魯族領袖。

置在巴席河（Mbashe River）畔的兩間茅屋裡。這些是村子裡表現優秀的男孩，他們被剃光身上的毛髮，全身抹著白赭石粉，只在肩上披著一件毛毯，看起來有如鬼魅。他們焦慮緊張地等待著科薩族的割禮儀式，曼德拉稱此為「所有科薩族男性必經的人生過程」。這是公開的儀式，酋長、幾位族長和親友都會坐在河畔觀禮。這不但是成年禮，也是公開的勇氣試煉。每個男孩都要排隊依序接受一位「英格西比」（Ingcibi，割禮師）割包皮。曼德拉在不曾發表過的日記上，這麼描述割禮的過程：

這時突然起了一陣騷動，一個瘦削的老人從我左側走過，在第一個男孩面前蹲下。過了一會兒，我聽到那個男孩說：「我是個男人！」然後，賈思提斯（Justice，酋長的兒子，曼德拉的至交）說了同樣的話，我們中間隔著的三個男孩也依序這麼說。老人的動作迅速，我還沒搞清楚狀況前，他就已經來到我面前。我直視他的眼睛。他非常蒼白，儘管那天很冷，他的臉上卻因冒汗而散發光澤。他一語不發，直接抓住並拉開包皮，揮下矛刀。切口非常完美，工整圓滑有如圓環。傷口在一個星期內就癒合了。可是，由於沒有麻醉劑，實際的切割過程感覺彷彿熱騰騰的鉛液流過血管。一時之間，我忘了說那句宣言，只是把自己的頭和

❸ 譯注：邦巴塔（Bhambatha），一九〇六年以武裝抗變反抗人頭稅的祖魯族領袖，被視為反種族隔離運動的先聲。

❹ 譯注：馬卡納（Makana），第五次科薩戰爭期間主張和白人對戰的科薩族先知，被關在羅本島，一八一九年逃獄時溺斃。

肩膀頂著茅屋的牆，承受矛刀割身的驚嚇。後來我恢復鎮定，勉強說出：「我是個男人！」其他的男孩看來比我堅強，輪到他們時，都能立刻清楚說出那句宣言。

曼德拉說這個故事給我聽時，儘管時隔那個冬日午後已將近六十年，他仍舊感到懊悔和難過。這並非由於他想起手術時的身體感覺，而是因為他覺得自己當時的反應不佳。割禮過程的痛苦已經消失，但表現軟弱的痛苦依舊長存。「我畏縮縮，」他說道，垂下眼簾。「我沒有堅定大聲地喊出那句話。」他覺得其他男孩比較勇敢強壯。他發現自己並非天生勇敢——或許每個人都不是——他必須學會勇敢。這麼多年後，他還是對自己感到失望，但割禮儀式達到預期的效果：他下定決心，將來要永遠堅強，絕不再表現畏縮。

＊

在我進行訪談的初期，當我們談到他面對警察及藏身逃避追緝的事時，我會問他是否感到害怕。他看我的那副表情，彷彿我是個白癡，然後說：「我當然感到害怕。」他會說，只有傻瓜才不會害怕。不過，他說，在這種情形時，他會盡力克制恐懼——絕對不願意讓其他人發現他感到害怕。

恐懼不是無所畏懼，他這麼教我，而是要學會克服恐懼。

一九五〇年代時，曼德拉有一次開車到自由邦省（Free State）拜訪非洲民族議會的主席——文雅、老派的摩洛卡醫師（James Moroka）。曼德拉起草了一封給南非總理的抗議信，需要摩洛卡批准。自由邦省是南非風氣最保守的地區之一。半路上行經一個小村子時，曼德拉的車擦撞到一個騎腳踏車的白人男孩。男孩受到驚嚇，但沒有受傷。曼德拉的第一個反應是立刻彎下身，把前座上一份《新時代》（*New Age*）藏起來。《新時代》是非洲民族議會成員愛看的共黨主義報紙。當時光是擁有一份違禁刊物，就可被判刑五年。一名警官不一會兒就來到現場，看了他和那個被撞到的男孩一眼，說道：「黑鬼，你今天要拉屎（倒大楣）了。」曼德拉回答：「我不需要警察來告訴我去哪裡拉屎。」他頓了一下，然後繼續把故事說下去，「我決定要顯得很強悍，但其實心裡很害怕。我可以假裝自己很勇敢，能夠稱霸全世界……」然後他的聲音逐漸變得微弱。

我可以假裝自己很勇敢，他也真的這麼做了。他就是這麼描述勇氣：假裝很勇敢。無所畏懼是愚蠢的事，勇氣是不讓恐懼打敗自己。警察走上前，曼德拉要他當心，表示自己是個律師，有辦法讓警察丟飯碗。然後，一如曼德拉在他的羅本島日記中所言，「當我注意到警官有所遲疑，真是驚訝無比。」這個辦法果然奏效。當天晚上，警察就放他走，讓他繼續上路。

曼德拉又講了一個類似的故事，這是一九六三年五月他第一次到羅本島的經過。他因非法出國被判刑五年，而羈押在監獄。在一個夜半時分，一個刻薄的獄監告訴他和其他幾個人，他們要被帶到一個漂亮的地方去——阿非利堪斯語（**Afrikaans**）中所說的**Die Eiland**。和曼德拉在一起的是史提夫．帖弗（**Steve Tefu**），這個脾氣暴躁的年長囚犯是共產黨黨員。曼德拉記得他們抵達羅本島的時候，獄監把他們當牛群一樣驅趕。曼德拉和帖弗動作慢，一名獄監就說：「聽著，我們會在這裡把你們殺掉，你們的父母親友永遠不會知道你們發生什麼事。這是我們最後一次給你們警告！」他們到達大囚室時，獄監大吼：「把衣服脫掉！」

等他們都一絲不掛後，獄監開始找其中一個囚犯的麻煩。曼德拉記得典獄長對那個人說：「為什麼你的頭髮這麼長？」典獄長騷擾的對象，是個非常斯文、不會與人爭吵、心腸好到不會傷害一隻蒼蠅的人，他不曉得該怎麼回答這個問題。於是典獄長說：「我在對你說話！你知道規定的！你的頭髮應該剪掉！為什麼你留著和這個小伙子一樣的頭髮，」他說著，然後指著曼德拉。曼德拉繼續說著故事，「於是我對典獄長說：『聽我說……』噢，我這樣就惹上麻煩！我沒辦法說下去。他說：『不准跟我這樣說話！』，接著走向我。」

曼德拉頓了一下，把身子向前傾。他的眼神飄向遠方。「很顯然他準備揍我，我必須承認……我必須老實說，我很害怕。在那種情況，你不能保護自己，不能反擊。」

然而，他反擊了。他對典獄長說：「『要是你敢碰我，我會向最高法院告你，給你好看，你等著變成一個窮光蛋。』嗯，他沒出手……我嚇死了。不是因為我很有膽量，而是必須假裝勇敢。」

必須假裝勇敢。有時候，我們只有假裝勇敢，才能發現勇氣。有時候，那個勇敢的門面就是真的勇氣。

在獄中，展現勇氣是每日的必行事務。勇氣不單是表現在必須公開反抗獄監的時候，也是為了展現自信，一日復一日地維護自己的尊嚴、樂觀和希望。一九六九年有一天，獄監來到曼德拉的囚室，告訴他一個駭人的消息：他的長子坦比（Thembi）在車禍中喪生。這是他坐牢多年，少數一整天沒有離開囚室的日子之一。唯一來看他的是老友席蘇魯，他們拉著手，沉默並坐。

第二天，曼德拉和其他囚犯一樣，到石灰採石廠工作。我問他兒子去世的事，他說那是令人難以忍受的不幸，但他必須讓獄監和其他獄友知道，他沒有因此崩潰。他再度假裝勇敢，覺得自己別無選擇。

我們想到一般人會為要和曼德拉見面而感到緊張，但曼德拉往往也為與人會面而感到緊張。他第一次要和南非總統波塔（P.W.Botha）見面時，就非常焦慮。波塔因為性格嚴厲暴躁，治國專制，外號「大鱷魚」。曼德拉當時已在監禁的末期，而且將是第一位會見總統的服刑中的非洲民族議會成員。他在心裡演練到時要說的話和要做的事。要是有機會，他會採取主動。因此，當天他刻意大步走過房間，用熱情的握手和滿面笑容上前迎接波塔。他用籌劃和演練過的友善和輕鬆態度，化解了南非總統的敵意。

一九八〇年代初期，在曼德拉被移送離開羅本島前不久，有個獄友拿來一本莎士比亞作品全集，在囚禁政治犯的C獄區讓大家傳閱，並且請所有人在自己最喜歡的段落做記號。曼德拉毫不遲疑，就把《凱撒大帝》第二幕第二景這一段圈起來：

懦夫在生命終了前早已死過許多回，

勇者一生則只死那麼一次。
我所聽聞的世上奇觀，
最古怪之事莫過於面對死亡——
這個時候到了自會到來的必然終點——
人竟然會恐懼。

懦夫可能會選這一段，給人自己很勇敢的假象。不過，在曼德拉看來，這段文字說的不是逞強好勇，而是單純描述事實。假裝勇敢，不但讓人變得勇敢，也讓人真的勇敢。

曼德拉認為勇氣不是少數人的專利。有些人會受到很大的試煉，但每個人其實多少都會受到試煉。他總是對我說，他的妻子溫妮比他勇敢，雖然他在獄中的歲月比溫妮長。他解釋，他不受日常的生活困難所擾，溫妮卻必須面對種族隔離制度和撫養兩個女兒，每日為艱辛的生活奮鬥。

對於有勇氣的人，曼德拉會給這樣的最高讚美，「他做得很好。」這話的意思是，這個人並非有蓋世功勛的英雄，並非冒生命危險成就大事，而是在日常生活的艱難困境中始終沉得住氣，日復一日克服恐懼和焦慮的影響。我們每個人都做得到這種勇敢——幸運的是，這也是我們多數人唯一需要展現的勇氣。

第二堂課　從容不迫

有一回，我和曼德拉坐在一部裝甲寶馬車的後座，他的司機迷了路。這是家常便飯，他的車隊常有車輛脫隊的事。駕駛加速猛衝，轉彎時發出刺耳的聲音，彷彿要彌補剛剛損失的時間。曼德拉俯身向前，對那個傢伙說：「保持冷靜，老弟。」

保持冷靜。面臨動盪情勢之際，曼德拉不但自己冷靜，也要他人冷靜。他一派從容自若。一旦失去對自己的控制，也失去對情況的掌控。阿梅德．卡斯拉達（Ahmed Kathrada）曾和曼德拉一同服刑近三十年，表示他只見過曼德拉發怒兩次——兩次都是因為獄監侮辱溫妮。沒錯，有時候發怒或反應激動是必要的，但曼德拉會說這種情形很少，而且必須經過盤算，而非不由自主的表現。控制力是衡量領導者的尺度——事實上，也是衡量每個人的尺度。曼德拉老是說，無論是處於政治或個人的緊張情況，人們希望看到的是冷靜。他們希望見到領袖沉著鎮定，能夠評估所有因素，做出從容不迫的反應。

一九九三年時，南非前途未卜。正當曼德拉持續和政府協商制定新憲法和民主選舉的日期之時，有些團體卻試圖破壞這個新情勢，一些極右派好戰團體耀武揚威，以暴力做威脅。在曼德拉所屬的非洲民族議會黨中，也有人質疑他的權威，暗示他太保守，太相信政府，覺得應該讓好戰支派的領袖克里斯．哈尼（Chris Hani）之類的年輕新秀出頭。

哈尼在當時的南非領袖中，受歡迎的程度僅次於曼德拉。他給人精力充沛的印象，總是一襲迷彩裝，一頂瀟灑斜戴的貝雷帽。哈尼和曼德拉是兩個極端：曼德拉主張寬恕和遺忘，哈尼則主張牢記和報復；曼德拉輕柔低聲，哈尼則高聲嘶吼；曼德拉希望繼續維持白人固有的經濟體制，效忠共產主義的哈尼則力主將財富重新分配給人民。非洲民族議會中有些人認為年僅五十一歲的哈尼才是該黨和南非的未來，而非年長許多的曼德拉，看來哈尼就要乘勢而起。當時南非面臨全面爆發內戰的危機，右派白人武裝備戰，哈尼之流的左派人士也鼓勵人民為戰鬥做準備，國內的種族戰爭夢魘有一觸即發之勢。

那一年的四月，我和曼德拉到他在川斯凱地區的家，那是他成長的南非鄉間。從他的房子看得到他誕生的山谷。「每個人，」他曾對我說：「都該有個靠近自己出生地的房子。」房子本身是樸實的L形單層建築，座落於高低起伏的草地和布滿岩石的山丘之間，南非人稱之為大草原（veldt），他小時候常在那玩耍。惹人好奇的是，這棟房子是按照維克多弗斯特（Victor Verster）監獄的樣子蓋的，那是曼德拉於一九九〇年出獄前最後待的地方。我問過他這個問題，他報以微笑。他說他非常喜歡監獄那棟房子，當他預定在川斯凱建造家園時，就向監獄管理處問來了樓層平面圖和建築藍圖。

房子離大馬路有段距離，附近沒有其他住家。屋前有著樸素的大門和一段蜿蜒的車道。儘管地理位置有些偏僻，也是知名歷史人物的家，鄰近村子的人——婦女披著毛毯，老人拄著楞杖——卻會漫步走來，在前院或坐或站，等著致敬或要飯吃，也可能兩者皆是。這是當地延續數百年的習俗：人們沒有事先約定的習慣，說來就來。

曼德拉在川斯凱很快活——似乎比較沒有壓力，精神也比較好。他總是說自己是鄉下男孩，有些人覺得這話不老實。不過，他在鄉下的時候，看起來真的有一點鄉下男孩的感覺。他樂於和當地人聊天，這些人可能從未離家到方圓十里外的地方。他笑口常開，用母語科薩語說笑，也會抱著小孩在膝上逗弄。當地人的生活方式和曼德拉五十多年前在此的生活相差不多。

另一件曼德拉在川斯凱愛做的事，是清晨的鄉間散步。他固定在早上四點半醒來，五點至五點半之間準備出門。他通常會走上三至四個小時，在九點和十點之間回來。我在前一年的十二月和他來過這裡，會盡量陪他去晨間散步。

就在那個春季的一個早晨——四月十日那天——我在四點五十五分的時候抵達他家。天色還黑著，幾個護衛坐在車子裡聽音樂。當天特別寒冷，我透過霧濛濛的車窗，看到那些護衛對著手掌哈氣。五點過後不久，曼德拉走出屋子，穿著他最喜歡的黑色和金色相間的全套運動服，開始往南走。

每天早晨，他朝不同的方向出發，希望看到更多童年所見的景致，或是發現他不曾拜訪過的村子。他喜歡指出地標，解釋它們的歷史。那天早上他的護衛一如往常隨侍在旁，通常是兩人在前，兩人在後。我會走在曼德拉旁邊三公尺遠的地方，聽得見他說話，要是他想獨自安靜的時候，這個距離也夠遠。走路對曼德拉來說有如冥想，我們往往只是默默地走著。

一個多小時後，我們來到山丘旁的幾座圓形茅頂屋。曼德拉小時候，以及當地居民依舊居住的，就是這種有著茅草尖頂的灰泥牆小圓屋。茅頂屋的牆用牛糞抹得平順，地板則是乾泥地。一個年紀和曼德拉相仿的老婦走出茅頂屋，用懷疑的眼神看著我們（常有很多人認不出曼德拉，以為他大概是來訪的地方族長）。

這個婦人把雙手往腰一插，用科薩語問曼德拉，他和其他人是不是走路來的。曼德拉回答「是的」。她低頭看曼德拉的腳，然後說：「那麼，你的鞋子怎麼沒有沾到早上的露水？」曼德拉低頭看自己的鞋子，確實是乾的，他笑了出來。這就是他所謂的「鄉下智慧」。

八點的時候，太陽已經很烈，陽光曬在身上也很熱。曼德拉總是顯得愈走愈有精神。他剛開始走得慢慢的，然後步伐會漸漸變得愈來愈大，愈來愈沉穩。我們其他人年紀都小了好幾十歲，卻反而是倒過來。我們慢慢地走了一大圈，將近四小時後，當快到他家時，他指著一座可俯視庫努村（Qunu）——他老家——的山丘頂，那裡有一座白色磚屋的傾頹廢墟。

「那是我上的第一間學校。」他說。

曼德拉說那是只有一個房間的校舍，兩側的牆上開有小窗，地板是光滑的泥地。屋頂是錫皮搭的，下雨時會發出啪噠啪噠的聲音。就在這個地方，他生平第一位老師姆丁嘉妮（Mdingane）小姐，給了他「尼爾森」這個英文名字。以前的黑人孩童一上學，老師就會幫他們取一個英文名字。

曼德拉走到學校後面的山丘上，指著一塊大圓石，直徑大約有二十三公尺長，說道以前小孩常在那裡溜滑梯玩。他們會找一塊茶碟大的平滑石板，坐在上頭，然後從大岩石上滑下來。曼德拉說他因此常常把褲子底部劃破。「母親會因為我把上學穿的衣服弄破而打我一頓。」他說。

我們走了四個多小時後，踩著疲憊的步子回到曼德拉的家。六、七個人在屋前徘徊，等我們進了客廳，發現大概有十個人坐在那裡。曼德拉確實是熱情的主人，我走進書房為訪談做準備時，他忙著和大家打招呼。幾分鐘後他進了書房，我問他外頭那些是什麼人。他告訴我，管家蜜莉恩（Miriam）說這些人來到門前說肚子餓，她就把他們當貴賓招待。

蜜莉恩還在準備早餐，於是曼德拉就說：「我們開始訪談吧。」大約二十分鐘後——我們還沒吃早餐——一名護衛在門口來回走動。「你有什麼事嗎？」曼德拉問他。護衛用科薩語解釋，東倫敦橄欖球隊在前院。「噢。」曼德拉說。前天他答應一個同事要和這支在當地訪問的球隊打招呼。「是的，我記得。」曼德拉說，然後取下麥克風，動作帶著略微的惱怒。

我發現曼德拉的特質之一是，儘管他是堅持守時的人，卻會為這種臨時出現的問候或會面，隨時中斷自己正在做的事。我想他並不喜歡被打斷，但明白在事情發生時立即處理，長遠說來可以節省時間。他有時打趣地說這是「非洲時間」，暗示周圍的人不像他這麼重視守時。

外頭車道上有二十五個高大魁梧的黑人緊張地站在那裡，他們穿著綠黃相間的橄欖球運動衫。曼德拉和他們一一握手問好，連珠炮似地問了他們一些問題。寒暄十分鐘後，他必須進屋接一名親近幕僚打來的電話。他在廚房接電話，那裡堆滿了餐盤和待洗的湯鍋炒鍋。他像雕像般動也不動地聽著電話，表情逐漸變得愁苦憂悶。曼德拉憂慮時，嘴角會下垂，緊抿著嘴。最後他說：「謝謝，」就掛上話筒。

「克里斯·哈尼被人槍殺了。」他說。我問是誰幹的，他說他不知道，便帶著冷峻的表情大步走出廚房，回到車道繼續和東倫敦橄欖球隊的球員握手。

南非正處於危險的臨界點，哈尼被刺殺可能會引發內戰。哈尼數百萬的支持者很可能會要求復仇，就此引爆黑人和白人的戰爭。這是曼德拉不計一切代價要攔阻的事——眼前他卻決定應該先招呼完橄欖球員。

我隔著窗子看著，曼德拉有說有笑地招呼完橄欖球隊。他沒對他們提哈尼的事。過了一會兒，面色凝重的曼德拉回到書房。他坐了下來，開口就說：「你可以去看看麥片粥好了嗎？」我去了廚房，早餐送來時，我們安靜地進食。曼德拉陷入沈思。

他吃完麥片後，請人送來行事曆，然後迅速打了一連串電話給親近的同僚，安排立刻回約翰尼斯堡的事，詢問警方調查的細節，並且提議他應該當晚上全國電視頻道談謀殺的事——他的口氣嚴肅而平穩，偶爾會提出簡短尖銳的問答。他打完電話後，站了起來，客氣地為必須中斷訪談而向我致歉，就走出房門。

刺殺案發生後幾天，有媒體報導，甚至非洲民族議會黨內部也有傳聞，哈尼的死讓曼德拉「心煩意亂」和「驚狂」。事實上他冷靜無比，分析著情況，為刺殺的當下效應和後續影響思索著應對計畫。就我親眼所見曼德拉面對危機的時候，總是非常鎮定，進入一種似乎能讓圍繞他的事件放慢腳步的禪定狀態。

當晚上全國電視頻道討論刺殺案的是曼德拉，而非南非總統戴克拉克。尋求討論全國的希望和恐懼，而非只是所屬政黨或支持選民關切之事的，是曼德拉，而非總統。戴克拉克只發布了一則新聞稿。刺殺案發生幾小時後，警方公布兇手是一名波蘭白人移民。他會被抓，是因為有個阿非利堪女子記下他的車牌號碼，向警方報案。當晚，曼德拉表情肅穆，開始他的演講：

今晚我以至意誠心，懇請每個南非人，不分黑人白人，聽我這話。一個充滿偏見和仇恨的白人來到我們的國家，犯下殘忍至極的暴行，讓我們整個國家如今瀕臨災難邊緣。一個白種南非女子冒著生命危險報警，我們才能知道這件謀殺案的真相，並且將兇手繩之以法。克里斯・哈尼遭到冷血謀殺，震驚了全國和全世界。我們的悲痛和憤怒正分裂著我們。這個事件是觸動數百萬人，跨越政治和膚色隔閡的國家悲劇。

他如此結束演講：

這是我們所有人的關鍵時刻。我們的抉擇和行動將決定我們是否能利用自己的痛苦、悲傷和憤慨，促成國家唯一的長治久安之道——一個民有、民治、民享的民選政府。

他在這篇簡短的演說中，用了「紀律」這個詞四次。他指出哈尼是個軍人，是個有「鋼鐵紀律」的人，南非人必須用有紀律的行動緬懷他。紀律是曼德拉的格言——在這場哈尼危機中，他的言行始終受著嚴格紀律的約束。在那個時刻，在南非史上首次民主選舉的幾個月前，曼德拉已經成了南非黑人和白人心目中的領導人。

一如多年後在他成為南非總統後，他向我透露的，哈尼被刺殺後的頭幾天，他認為南非的自由民主前途受到極大的威脅，他摯愛的國家即將爆發一場規模空前的全面種族戰爭。南非沒有陷入內戰的很大一部分原因，就要歸功於他從容不迫的反應。

*

有時候，冷靜可能有顯得呆板之虞，但曼德拉並不以為意。他寧願錯在太冷靜呆板，也不要錯在太狂熱躁動。他喜歡講他收到一位開普敦女子來信的故事，這名女子曾參與他出獄後第一次在市政府前辦的那場著名集會。這個女子說她很高興曼德拉被釋放出獄，希望曼德拉能促成全國團結，不過，他的演說實在「非常無聊」。曼德拉每次說到這個故事，總是哈哈大笑。確實，沒有人會說出獄後的曼德拉是偉大的演說家。事實上，他往往戴著厚重的眼鏡，用平板的語調朗讀長長的演講稿。有一天，我問他：「說真的，人們有時批評你的演講有點無聊。你有什麼看法？」

「你要知道，我不想當煽動民眾的人，」他說：「人民希望看到你處理情況。他們希望聽到理性清楚的解釋。我變沉穩了。我以前是激進的年輕人，老是用激烈的言詞和人爭辯。」

確實，他年輕時總是想引起騷動，但現在他認為呆板可靠，勝過狂熱和含糊不清。他的言詞不是口號式的，他希望提出清晰完整又能闡述要旨的回答。他相信人民為了實質和可靠的內容，願意忍受一點點無聊。

有時候，他慎重的風格甚至是一種策略，一種「柔術」。❶卡斯拉達告訴我，曼德拉在獄中的時候，喜歡下西洋棋，他是羅本島的西洋棋冠軍。卡斯拉達說，曼德拉的戰術之一是運用下棋風格打擊對手的心理。他一向花很多時間思考每一步棋，考慮各種可能。有時候，他會故意拖延時間，讓對手感到煩躁不安。

曼德拉常和獄友唐．戴維斯（Don Davis）交手，戴維斯常挑戰曼德拉，一心要成為島上的西洋棋冠軍。有一天，我問曼德拉有關戴維斯的事，曼德拉形容他是「個性鮮明的人」，會勇敢挺身對抗權威。不過，讓他奮勇抵抗權威的特質，卻不能讓他成為西洋棋大師。

「他缺乏運動家的精神，只要是比賽，他整個人就變了樣。」曼德拉笑容滿面地告訴我。「他會變得攻擊性非常強。而我下棋的時候，一向很沉穩。這一點就打敗許多對手，他尤其招架不住。」

我們以為氣質是天生而來，但在曼德拉的例子，氣質是他自己造就的。年輕

❶ 譯注：柔術（jujitsu），源自日本的徒手武術，現代的柔道和合氣道均演變自柔術。

時，他暴躁易怒，出獄後的曼德拉卻成了截然不同的人，要激怒他幾乎是不可能的事。他不會急著下決定，會考慮所有的選擇。我們在做任何決定前，不可能對情況有完全的瞭解，要是我們執意這麼做，可能會什麼決定都做不了。不過，曼德拉的例子告訴我們，在採取行動前，盡量瞭解情況，非常有益。他人生中的差錯大多來自急躁行事，而非反應太慢。他會說，別急，先思考、分析，然後再行動。

第三堂課　帶頭領導

終其一生，曼德拉都冒著風險身先士卒。要是他是個軍人，他會是那個跳出散兵坑，帶頭衝鋒進入戰場的人。他認為領導者不但要領導，也要表現出帶頭領導的模樣——這是領導工作的一部分。這聽起來幾乎像是他擔心有人會認為他不願意冒險。即便在私人關係上，他也認為遇事不應隱瞞，而該帶頭表示。如果有事情困擾你，覺得自己受到不公平的待遇，你必須說出來。這也是一種領導。

帶頭領導有許多含意。有時候曼德拉表現出「帶頭領導」的字面意思，他初抵羅本島就曾做過這樣的事：他在獄監的瞪視和嘲諷之下，走到囚犯隊伍的前頭，為其他人樹立如何面對獄監的模範。他告訴獄友，從一開頭就要勇敢反對獄監，他也帶頭這麼做。

不過，帶頭領導也是指做不見得會引人注意的事，意指放棄特權，和其他囚犯做同樣的事——比方清理獄監和獄友的便壺。領導者不是高高在上。艾迪．丹尼爾斯（Eddie Daniels）記得他在六〇年代初剛到羅本島時，曼德拉穿過院落，上前自我介紹。丹尼爾斯敬畏曼德拉，他提到光是看著曼德拉，就能鼓舞人心。「這就是尼爾森的模範。光是他走路的樣子，他的動作姿勢，就讓其他囚犯受到激勵。看他走路充滿自信的模樣，就讓我精神抖擻。」曼德拉只是走路的姿態，就在帶頭領導。

綽號「丹尼」的丹尼爾斯回想起有一回自己生病了，沒力氣上洗手間和清理便壺。曼德拉經過他的囚室，「就彎腰拿起我的便壺，拿去浴室清理。沒有人會喜歡清理別人的糞便。隔天上午，尼爾森又來了。他是獄中最大的組織領袖，大可指派一個人來幫我。那天早上他來了，腋下夾著自己的便壺，他說：『你好嗎，丹尼？』他走了進來，拿起我的便壺。」

當然，帶頭領導也意味著採取主動，曼德拉在一生中的許多重要關頭都是如此。他是非洲民族議會青年團的主席，是一九五二年「反抗不公法令運動」（Defiance Campaign）的志願者總司令；他帶頭進行武裝抗爭，而且在一九六三至六四年的利沃尼亞審判中不怕南非政府將他處以絞刑。在那場判他終身監禁的審判中，他不認罪——但他承認，自己犯的罪是爭取人權和自由、抵制不公法律，以及為受壓迫同胞抗爭。他承認自己計劃和執行反政府的破壞活動。他大可不認罪，但他認為那不是領導者該做的事。他明白自己有面臨死刑的危險，但不願逃避。他在這場審判提出最後證詞時，一連發表了四個小時的演說，他用以下這段話做結尾——這是他在一九九〇年出獄前，最後公開發表的談話。

我一生獻身這場非洲人民的抗爭。我對抗過白人統治，也對抗過黑人專制。我珍視民主和自由社會的理念，在這樣的社會，所有人和睦共處，享有平等機會。我希望成就這個理想，為這個理想而活。可是，如果有必要，我願意為這個理想而死。

他說完這席話後，法庭中一片靜默。這是一個知道自己可能在說遺言的人所說的話。

不過，曼德拉做過最冒險和危險的事，莫過於他在一九八五年在獄中暗中開啟與政府的對談。這事違反了他以往數十年抗爭運動與公開言論所抱持的所有原則。他可能被視為叛徒，被運動的同志唾棄，還可能造成全面的內戰爆發。可是，他知道自己必須採取行動。他的想法是，既然不可避免，何必耽擱？在別人眼中，他的這個重大改變似乎突然其來，然而如同他一生其他許多重大決定一樣，這個抉擇其實有其長遠曲折的歷史。

*

事情是從波斯摩（Pollsmoor）監獄開始的，曼德拉在羅本島服刑十八年後，於一九八二年被移轉到這座監獄。波斯摩監獄位於開普敦整齊宜人市郊的邊陲，監獄北面的白牆外就是史丁堡（Steenberg）山脈的山腳。要到這座監獄去，必須開車沿著開普敦市的單線道，經過井然有序、前院擺著自行車的小住家社區。接著，在一條沒有標示的住宅區街道尾端右轉，就到了波斯摩高度安全管理監獄的精美大門。

以監獄來說，波斯摩非常賞心悅目。長長的車道兩旁有精心修整的庭園和花圃，引導人通往一棟淡灰色的低矮水泥建築。在波斯摩，曼德拉想念羅本島的自然風光和到戶外享受陽光的機會，但這裡有其他的慰藉，他的家人探訪比較容易，伙食也比較好，而且終於回到本島，覺得和世界有了聯繫。他和四個在羅本島上的親密戰友——華特・席蘇魯、阿梅德・卡斯拉達、雷蒙・姆拉巴

（Raymond Mhlaba）和安德魯．曼廉傑尼（Andrew Mlangeni）——在牢舍三樓共享一間非常大的囚室，大概有高中籃球館那麼大。囚室外有一片很大的木製平臺，獄方准許曼德拉在那裡開闢花園。

時至一九八五年，曼德拉已經入獄二十二年，南非國內反種族隔離運動也愈見強硬激烈。非洲民族議會旨在讓南非「無法治理」的運動，讓許多鄉鎮淪為戰場，天天可見的暴動成了全球夜間新聞的頭條消息。工會運動和「聯合民主陣線」（United Democratic Front）也不斷向政府施壓，聯合民主陣線是底下有數百個反種族隔離團體的集合組織。曼德拉的名字和臉孔也成了全世界反種族隔離運動的象徵。

就在那一年，曼德拉被診斷出患有攝護腺腫大，醫師建議開刀。獄方在高度警戒之下，將他送到開普敦的人民醫院接受手術。曼德拉在羅本島時，有幾次必須被送到本島就醫，這種事讓他厭惡。他受到的待遇和其他黑人囚犯沒什麼不同。他有一次告訴我，在這種情況，獄方會用白種南非人往返兩地的船移送囚犯，他會被關在船艙內，甲板上的乘客會對他吐口水。儘管他們在羅本島的監獄備受侮辱，但比起在外頭受到的屈辱，往往不算什麼。

但這一回的就醫經驗有所不同，曼德拉的地位已不可同日而語。他被安置在醫院側翼獨立的病房，享有花朵點綴與陽光照耀的房間。護士看到他都會安靜下來，以示尊重。手術很成功，他在醫院修養了好幾天，才被送回波斯摩。他出院時，典獄長親自坐轎車來接他。這是極不尋常的事，以往都是由普通獄監和箱型車移送。在回程途中，典獄長告訴他，他不會回到和其他人共享的囚室，而會去另一個囚室。曼德拉問他為什麼，他只是聳聳肩，表示這是來自首都普利托里亞市（**Pretoria**）的命令。

曼德拉的新囚室位於一樓，裡頭包括三個陰暗潮濕的房間。比起羅本島，這裡簡直是宮殿。這個改變令他不安。為什麼他和同志被隔離開來？為什麼典獄長去醫院接他？政府打的是什麼主意？他從各種角度評估自己的新情況。照以往的做法，他大概會提出抗議或正式詢問，但眼前他覺得自己有必要再多做點思考。

他思索自己的情況時，想的不是新環境的匱乏之處，而是他擁有的機會。他斷定，這個獨居的情況讓他有機會做自己已經考慮多年的事，儘管仍然相當猶疑，而且在非洲民族議會眼中屬於異端邪說——他可以開始和政府進行對談。數十年來，非洲民族議會堅持，除非政府廢除種族隔離法律和釋放政治犯，否則拒絕和政府談判。不過，現在他明白世況已有改變，他必須跟著改變。他很早就明白，非洲民族議會無法藉由武裝抗爭推翻政府，談判才是唯一行得通的辦法，而現在他可以採取行動。

與獄友共處一室的時候，他毫無隱私可言。在那種情況下，要不要和政府對談，他就必須徵求他們的意見。然而，他現在獨自一人。很顯然，南非政府也把他獨居一室的新情勢，當作一個機會。

這個決定將會影響重大。他一生反抗少數白人的統治，非洲民族議會已經反抗七十三年，進行武裝抗爭也已經二十年了。民族議會的政策一向是絕不談判，談判只能發生在平等的基礎上。曼德拉在沒有與任何人商討的情形下，將獨自改變歷史。他深愛又全心效忠這個培養他茁壯的組織，但他即將要背離這個組織的公開策略。

不過，他很謹慎，他有充分的理由要小心行事。這並非對談的想法頭一回浮上檯面。當年一月的時候，南非總統波塔曾公開提議，如果曼德拉無條件放棄以武力作為政治手段，就釋放他。曼德拉不假思索就回絕了，並且發表了以下的聲明：「只有自由人才能談判，囚犯無法訂立合約。我不能也不願在我和人民還不自由的情形下，給予任何承諾。人民的自由和我的自由是不可分割的。」曼德拉直率強悍的回應讓南非政府和波塔總統很難堪。

但這一次情況不太一樣，是他主動要祕密開啟對談。當時反種族隔離運動的勢力愈來愈茁壯，南非政府也開始看到厄運臨頭。波塔告訴國民，他們要是「不改變，就只有死路一條」。同時，曼德拉知道現況可能會持續數十年，他已經不年輕了。他也明白，不能讓同志、組織和世人知道他開啟談判。他私底下寫了封信給當時的司法部長科比．柯慈（Kobie Coetsee），表示願意和政府展開對談。

事情進展非常緩慢。從他寫第一封信開始到第一次會面，中間隔了將近兩年。他完全不曉得政府有沒有在考慮他的提議，但他不斷寫信。可是，在一九八六年七月，事情突然急速運作了起來。

「我至今記憶猶新，我給警察局長那封信的時候是星期三，我只對他說：『我有涉及國家大事的要事要見你。』」星期天，警察局長就要曼德拉到他家去，局長的家就在監獄裡。曼德拉和警察局長面對面時，他說他真正想見的是司法部長。局長問他為什麼。

「我想要提非洲民族議會和政府對談的事。」警察局長立刻打電話給司法部長，當時柯慈人在開普敦市，據曼德拉所說，柯慈要局長「立刻帶他到我家」。曼德拉沒有返回囚室，就穿著滿是塵土的連身囚服，被帶到柯慈在開普敦的官邸，他在那裡待了三個小時。

曼德拉不喜歡在地位不平等的情況下，和人會面。他不想穿著囚服見司法部長，但他沒計較。

「我對他說，我要見波塔總統。」曼德拉要求見司法部長，卻只是要告訴他，他真正想見的是總統。曼德拉利用每個人把會面層級往上推。當他告訴柯慈他要見總統時，已經把談判提升到最高層級——名聞世界的政治犯和讓他不得出獄的人之間的祕密會晤。柯慈立刻明白這將是歷史性的一刻。那一天開啟的連鎖事件，不但最後讓曼德拉被釋放出獄，也在協商中走向南非史上第一次自由民主的選舉。

*

當你帶頭領導的時候，不能讓同志落在後頭太遠。所以曼德拉展開這些祕密會談後，他要求見他的同志。他要讓他們知道他做的事，而且確認他們會支持他。儘管他們只有三樓之隔，這項請求卻必須上傳監獄管理處，接著告知開普敦市的官僚，最後報告普利托里亞市的政府高層。這一回政府只准許他與個別同志單獨會面。曼德拉沒抗議，表示同意。他第一個見的是席蘇魯，席蘇魯是他最老的朋友，是同志、導師，也是最早在那個來自川斯凱的瘦高粗獷小伙子身上，看到一位群眾領袖的人。他把祕密談判的事告訴席蘇魯。

曼德拉回憶起席蘇魯的反應，他並不贊同。「他說：『在原則上，我不反對談判，但我希望是由他們展開，而非我們。』我告訴他：『既然你在原則上不反對，那麼由誰開始都無所謂。我已經開始了。』」

曼德拉接下來依序和姆拉巴、卡斯拉達及曼廉傑尼見面。卡斯拉達和席蘇魯看法相同，反對談判。姆拉巴和曼廉傑尼的反應則是：他怎麼等那麼久才行動？

流亡尚比亞首都路沙卡（Lusaka）的非洲民族議會領袖，反應則完全不同。事實上，曼德拉的好友譚波聽到他和政府談話，非常憂慮。有些人認為曼德拉已經崩潰或是出賣理想。譚波寫信請他解釋。

「於是，我對他說，」曼德拉回憶道：「譚波同志——我以前都這樣叫他——我只和政府討論一件事，就只有那麼唯一一件事——非洲民族議會和政府會面。沒別的，就只有這樣。」

曼德拉很清楚，決定展開談判對他的領導地位是很大的風險。除了譚波，非洲民族議會內有些人——有些是高層人物——覺得他背叛了反種族隔離運動。有些人甚至稱他是叛徒。毫無疑問，此舉損害了他身為非洲民族議會領袖和反種族隔離運動領導的神聖地位。民族議會內早已有人對曼德拉心懷不軌，這件事讓他們有更多抨擊的目標。

曼德拉跟我提過很多次，非洲民族議會是一個集合組織，沒有單一個人是最高決策者。所以我問他，對於他獨自做出這個帶來重大改變的決定，他自己有什麼看法。

曼德拉很坦白。「有時候，領導者必須在沒有和任何人商討的情形下，獨立行動，然後告知組織自己做的事。在這類例子中，我做出決定並面對同志，他們唯一要考慮的事，是我做的事是否符合反種族隔離運動的利益。要是我事先和同志討論要不要談判的問題，他們八成會反對。我們就不會有今天的談判了。」

對曼德拉而言，帶頭領導也意味著擔負責任。他堅信，他獨自做的決定，自己就必須承受後果。他說，萬一錯了，就知道誰該負責。他至今認為，決定和波塔談判可能是他做過最具革命性的事。一旦他認定武裝抗爭無法得勝，協商和解才是解決之道，就毫不遲疑地改變立場。

*

終其一生，曼德拉常隨著情況改變而改變想法。在他看來，這是簡單的常識。眼見情勢不可避免，他會改變觀點。可是，他不是說變就變。他會先考慮改變立場的所有後果，然後才會採取行動。在旁人眼中，他的行動有時顯得魯莽——但其實他已經在心裡全盤考慮過。他會說，不要延遲不可避免之事，即便那並非你原本想要採取的方法。

在我們為寫作計畫共事的期間，我陪他去過華府。在記者會上，他說該是美國和其他國家對南非解除經濟制裁的時候了。這項政策轉變，讓他在非洲民族議會的同志和外界感到非常意外。他們已經就這個議題討論了好幾個月，可是陷入僵局。曼德拉會說，有時候你必須打破僵局。他已尋求過共識但不可得，即使有共識為佳，但不可行時他會採取主動。他跟我提過解除制裁的想法，但表示他還在思考——這往往意指他已經做了決定，只是在試探別人的看法。

一九九九年他結束總統任期後，他發誓要過清靜的退休生活。無奈情勢不由人。面對人類免疫缺陷病毒和愛滋病對南非造成的傷害，他無法坐視不管。他剛出獄時，對愛滋病幾乎一無所知。事實上，他依舊對愛滋病和同性戀有些過時的想法，那是他那一輩人的觀念。當他退任後，眼見繼任者塔博．姆貝基（Thabo Mbeki）對南非的愛滋病危機處理不當，他站出來說話。姆貝基一直否認人類免疫缺陷病毒和愛滋病有所關聯，拒絕對南非愛滋病患全面配給抗病毒藥物。

最後在二〇〇二年，曼德拉告訴《約翰尼斯堡週日報》：「這是一場戰爭。為之喪命的人已經超過以往所有戰爭和自然災害的喪生人數。我們不該在人們陸續喪命的時候，還繼續爭論和爭辯。」姆貝基受到指責並不高興，但配給藥物的確才是正確的做法。有時候帶頭領導，是要承認自己以往的想法有誤——即便沒有人指責你。曼德拉明白自己太慢才懂得愛滋病的正確觀念，因此試圖補救。

即使在場邊，曼德拉還是帶頭領導。

第四堂課　居後領導

曼德拉儘管喜愛成為眾所矚目的焦點，卻也一向清楚必須和人分享鎂光燈。他明白領導工作有一部分——相當大一部分——是象徵性的，而他自己就是一個顯著的象徵。不過，他知道不能總是親自領軍，除非他能把領導權分給其他人，否則偉大的目標將無法達成。用籃球打比方，就是他想拿到球，但瞭解自己必須把球傳給隊友，讓他們投籃。曼德拉真心相信團隊的價值，明白要讓夥伴發揮最大能力，就是讓他們能分享榮耀，更重要的是，讓他們覺得自己能影響曼德拉的決定。

某個清晨，我們在他川斯凱的家後方的山丘散步，已經走了一個半小時的路，晨霧也散了。這個地區布滿岩石巨礫，只有低矮乾枯的草和少許樹木。曼德拉突然停下腳步，擡頭四望。他說這裡以前是玉米田。

「那片玉米田很美。我們來看守牛群，卻跑去偷採玉米烤來吃。我們會找廢棄的大蟻丘，裡頭只剩下乾草和幾隻白蟻。然後把玉米棒塞進蟻洞，在底部燒乾草。把玉米棒插進蟻洞，白蟻提供油脂，這樣烤出來的玉米非常美味。」他彷彿一邊說著，一邊就回到童年時光，品嚐著那燒焦的玉米。

他轉向我說道：「你從來沒趕過牛，對吧，理查？」我說沒有，他點點頭。曼德拉還是八、九歲的小男孩時，無數的午後時光就忙著放牛。他的母親有自己的牛隻，但他和其他男孩也要照顧村人共有的牛群。接著，他向我解釋起趕牛的基本方法。

「你要曉得，要讓牛群往一個方向移動，你要先拿著棍子站在牛群後方，把幾頭比較聰明的牛趕到前方，讓牠們照你要的方向去。其他的牛就會跟著這幾頭比較活潑的牛走，不過，其實你是從後面引導牠們。」

他頓了一下。「這就是領導者應有的領導方式。」

這個故事是個寓言，要旨是，領導力基本上關乎讓屬下往特定的方向移動——往往是透過改變他們的思考和行動方向。領導的方式不見得是要衝到前頭，大喊「跟我來」，而是藉由授權或驅策其他人走到你的前面。領導者透過授權他人，分享領導力和理念。這種領導方式在任何生活領域都裨益良多。這種例子在職場上，是經理鼓勵下屬協助構思新的工作計畫，讓下屬有參與感；在家裡，是父母召開家庭會議，引導孩子有合宜的規矩與行為，而非只是發號施令。

曼德拉的一位老同志曾告訴我，由於曼德拉性格堅強又充滿魅力，從來沒人讚美他非常聰明。人們往往評論他的風度氣質，卻不談他的才智。不過，儘管曼德拉不會低估自己的智能，他的學習能力卻並非特別強。他必須下功夫學習。

他肯花時間學習，因為他想要真正瞭解事情，希望從各個角度檢視每個議題。他不夠機敏靈活，不會不懂裝懂。因此，他常找比自己聰明和反應快的人密切合作。他希望向有專才的人學習，也不會羞於請別人為他解釋事情。而且，藉由向他人尋求協助或徵求意見，他不但學到東西，也給予他人權力，讓他們成為盟友。曼德拉明白最能討好某人的事，莫過於向此人求教——而當你對他們言聽計從，也會提高他們對你的忠誠度。

*

曼德拉居後領導的榜樣並非他的父親，而是在「好地方」（Great Place）撫養他長大的酋長瓊金塔巴。曼德拉在父親去世後，母親為他準備包袱，帶著他徒步跨越川斯凱地區的丘陵，走到騰布族的首都梅奎克齊尼，又稱「好地方」。曼德拉父親曾任酋長的顧問，酋長打算栽培曼德拉成為兒子以後的顧問，他的兒子賈思提斯年齡和曼德拉相仿。曼德拉還記得那段靜默的長途跋涉，和母親一路步行遠離家鄉庫努村。離開唯一所知的世界讓他感到難過，但一到了好地方，壯觀的景象令他目眩神迷。一如他在獄中日記所言：「我無法想像世上有比這裡更棒的地方。」事實上，好地方不過是十幾間圓形茅頂屋和一座大花園。以非洲王室的標準來說，算是相當簡陋，曼德拉卻以為自己到了世界的中心。

曼德拉抵達的那天下午，看到一輛長長的汽車穿越村子西側的大門，村子裡坐在樹蔭下的男人都站起來，一邊喊著傳統科薩族對酋長的致敬語：「萬福，瓊金塔巴！」曼德拉回想起的當時情景是這般，「一個矮胖的男子，膚色黝黑，一身時髦西裝，下車走到樹蔭下的男人群中。他的氣度堅定，面孔聰慧，散發出自信和輕鬆的態度，顯見他習於被人稱讚和行使權威。」這就是酋長瓊金塔巴。

那天的印象讓曼德拉終生難忘。他在日記中提到，還沒去梅奎克齊尼之前，他唯一的志向是要成為長棍武術冠軍或是偉大的獵人。「但剛到的第一天，」他寫道：「我就感覺有如一棵樹被連根拔起，枝葉騰空，整個被丟進強勁的水流之中。」那道水流就是邁向領袖之路——然而這條路徑將如何引導他進入一個更廣闊的世界，是他當時無法想像的。

曼德拉密切觀察酋長的舉止作風。村裡的社區生活——和曼德拉的生活——都以酋長為中心。酋長雖然沒有受過教育（不會讀寫），卻是騰布族歷史和習俗的監護人。酋長天生享有領袖的地位，卻也被視為人民的僕人。酋長地位是一種殊榮，而不僅只是權力。酋長式的領導方式並非高高在上，而是傾聽心聲和取得共識。

當地的王室宮廷會議，有如民主市政廳的會議那般，是領導力的主要舞臺。全村的人群聚在此，任何人都可發言。他們的做法是，酋長會先聆聽顧問和人民的看法，然後才發表自己的意見。酋長在會議尾聲發言時，總是昂然挺立，總結他聽到的各種觀點，然後從中尋求共識。酋長是個意志堅強的人，但他不會讓一己所願凌駕於人民所望之上。

這就是曼德拉所謂的居後領導。好領袖不會堂皇發表自己的看法，然後就要求其他人照做。他會聆聽、總結各方見解，接著提出一個主張，並且引導人民採取行動，就像小男孩從牛群後頭趕牛一樣。曼德拉認為這是非洲領導傳統的精華。他覺得西方是個人野心的堡壘，人人競爭求勝強出頭。不像在歐洲和美洲，文藝復興時期的個人主義理念從未在非洲盛行。「烏班圖」是最能闡釋非洲式的領導模式，這個概念是每個人受他人賦予力量，透過與他人無私的互動，我們成為最好的自己。

記得在一個週末的早晨，我到了曼德拉在豪頓區的家。在前門內的車道上，曼德拉和一群顧問坐在樹蔭下，折疊椅圍成一個圓圈，他們正進行著熱烈的討論。我拉了一把椅子坐在圓圈外。讓我印象深刻的是，這些人個個高談闊論，有些人批評曼德拉，坦率直指他哪些立場不對。所有人都對他很恭敬（有幾個只是勉強做到），但有些人充滿激情，直言不諱。曼德拉坐得挺直，幾乎動也不動，他專注聆聽著，喜怒不形於色，他會是一個絕佳的撲克牌玩家。到了會議終結，與會人士準備離開時，曼德拉才開口。他總結各方觀點，但沒有明說自己的立場。我注意到有些人一吐為快之後，不論是否說服了曼德拉，都顯得快活多了。曼德拉明白平息爭辯最穩當的辦法，就是耐心聆聽對方的看法。

我後來問他關於這次討論和他的領導風格。「我們是一個民主的組織。」他這麼說。「有時候我帶著自己的想法來國家執行委員會（National Executive Council），他們不同意，就推翻我的想法。即是他們錯了，我也聽從他們！這就是民主！」他哈哈大笑。不過，他曉得在許多情況，他對個別議題的觀點，重要性不如讓民主過程得以運作——從長遠而言，最好是在個別議題上輸了個人立場，卻讓民主制度得勝。

曼德拉當上總統後，以同樣的方式主持內閣會議。即使不是每次都能辦到，他也盡可能讓對立的雙方表達觀點。他幾乎總是最後才發言，而且比任何人都簡短。

偶爾，他會提到林肯是他的領導模範。他從小學生的時候就知道林肯了。事實上，年輕的時候，他曾想在學校話劇飾演林肯，但有位個子更高的同學得到那個角色。（他感嘆地說，後來他飾演的是刺殺林肯的約翰．布斯〔John Wilkes Booth〕。）曼德拉知道林肯把一些最強悍的對手納入內閣——同樣的，曼德拉第一批的內閣閣員中也包含他的反對者。林肯透過說服而非強勢作風來管理內閣，讓他感到欽佩。他跟我說過一個關於林肯的小故事，林肯曾說動某人退出他的內閣，然後表示：「說動人去做事，又讓此人以為這是他自己的主意，這才是高明的做法。」

在曼德拉看來，居後領導從某方面來說，只是掩飾帶頭領導的手段。不過，他也瞭解一個人的領導力有其限度，連他自己也不例外。他剛出獄時，有如非洲版的李伯[1]，一覺醒來面臨一個完全不同的世界。親友同志要教導他許多世間事，包括女權、現代媒體、以及愛滋病與人類免疫缺陷病毒等等許多的課題。這既是必要的補充教育，也是非洲共同領導的一種表現。他從孩童時期就瞭解，共

❶ 譯注：李伯（Rip Van Winkle），美國作家華盛頓．厄文（Washington Irving）所著的短篇小說《李伯大夢》（1819），主人翁為逃避凶悍的妻子，藏身山區，沉睡二十年後醒來發現人事已非，此名後來意指落後時代的人。

同領導涉及兩件事：優於個人智慧的群體智慧，以及群體對經由共識達成的結果會更投入。這是雙贏的局面。

居後領導也是同樣的道理：用和諧的手段達到你要的結果。無論對他人或對自己，都是好事一樁。

第五堂課　演什麼要像什麼

我們力求根據別人的內涵來評斷人，但曼德拉明白，有時外表是幫助別人瞭解性格的最佳方法。終其一生，曼德拉關切事物的表象，無論事物是重大或瑣碎都一樣——小至襯衫的顏色、站姿是否挺拔，大至一項政策給支持者的印象。他絕不會勸人不要以貌取人，因為他瞭解這是人之常情。雖然他是個有內涵的人，但他會說沒道理不以外表來論斷。外表大有關係，而且我們就只有那麼一次機會給人留下第一印象。

就拿穿著來說好了。曼德拉講究衣著，他一向如此。他不會說人靠衣裝，但衣服的確瞬間讓人留下印象。他的想法是要扮演好角色，就必須穿對戲服。他最初學到這個道理是在小時候，父親拿自己的馬褲當布料，為他縫製一件長褲，讓他在開學第一天能穿去上學。他的父親打定主意不讓兒子看起來像披著毛毯的野蠻「土著」。往後到了青年時期，當騰布酋長成為他的監護人，他的職責之一是幫酋長燙西裝。酋長必須有酋長的樣子，而曼德拉也一絲不苟地做好燙衣服的工作。我記得有一回他發現外套有皺褶，要我幫忙找找看飯店房間裡有沒有熨斗。他會注意自己和別人身上的西裝是什麼質料。騰布酋長在他上福特哈爾（Fort Hare）大學前，為他訂做了一套雙排扣的時髦西裝，他對那套西裝的樣子至今記憶猶新。

不過，有些時候他負擔不起自己想穿的衣服。在他剛去約翰尼斯堡的時候，有五年之久只擁有一套西裝，到最後補丁比原本的衣料還多。他還記得自己必須穿出去的時候，有多麼難堪。幾年後，當他成了事業起步有成的年輕律師，做的第一件事就是找一位裁縫師。他日後的辯護律師喬治·畢佐（George Bizos）記得在裁縫店遇上曼德拉的事，那是他頭一回見到有黑人量身訂做西裝。曼德拉對衣服式樣有天生的美感，他在當時被視為是愛打扮的男人。曼德拉講究穿著，不但因為樂在其中，而且也因為白人多少會看衣著評斷黑人，他想要有專業人士的模樣，不想被人當成勞工。

演員都知道試鏡的時候，穿符合角色的衣服，可以提高試鏡的成功率。一如假裝勇敢就真有勇氣，打扮成自己想要成為的人，就更接近那個目標。終其一生，曼德拉總是儀表得體，而且扮演好角色。他當學生時，他想要看起來嚴謹有規律。他還是年輕律師的時候，總是一襲訂製的西裝，要讓法官和客戶有好印象。他轉入地下活動以逃避追緝時，穿迷彩服留大鬍子。他成為總統後，穿的是保守的深色西裝。往後，當南非情勢穩定下來，他拋棄歐洲式的西裝，改穿有華麗非洲圖案的訂製絲綢襯衫。這類上衣成了他的個人衣著特徵，有「曼德拉襯衫」之稱。他鍾愛這些襯衫，有滿滿一櫃子這類的衣服。這些襯衫除了有他喜愛的鮮明色彩，也象徵了一種新的力量——非洲、本土和自信的力量。這些襯衫是一種表態：非洲領袖不再需要穿西式服裝，才能顯得有分量。

*

有鑒於曼德拉重視外表的象徵意義，他在羅本島上打的第一場仗之一是為了服裝規定，並不讓人意外。獄中規定，黑人囚犯必須穿短褲，印度裔和其他有色人種（混血裔）囚犯則可以穿長褲。曼德拉覺得要像「花園工人」穿短褲，是種侮辱，所以他反抗這項規定的態度，與對抗其他島上任何不公待遇一樣激烈。多年後，當他準備初次會見波塔，他覺得自己不能穿囚服去見南非總統——會讓自己處於不利狀況。於是，獄方為曼德拉訂做了一套三件式西裝，他對細節非常要求。他認為西裝是讓他和波塔立於平等地位的一個要素。

我們一同出行的時候，我總是希望事先知道他隔天要穿什麼衣服，以便做得體的搭配。我曉得他很重視衣著。有時候我會去他房間問他，他往往會說：「噢，理查，我想知道你明天會穿什麼。」他不是在開玩笑。他會評論我穿的西裝和打的領帶，要是我在某個場合穿得不夠隆重（或太過隆重），他有時候會不高興。

當然，曼德拉的個子高挑、精瘦健壯，穿起衣服自然好看。他的體態優美，你絕不會見到他低頭駝背，他一定是挺胸直視前方。在羅本島上，他一向注意自己走路的姿態與舉止。他明白自己必須在實質和象徵上，都表現出勇敢面對權威的樣子——即便當他和政府進行祕密談判的時候，也是如此。他曉得獄友受他影響，要是他自信不屈，別人也會有樣學樣。

早在慢跑成為健身風潮之前，曼德拉就有健身的習慣。一九五〇年代在約翰尼斯堡的時候，他就有晨跑的習慣。這有一部分是出於虛榮心，他以自己精瘦的身材為傲。他注重飲食，以前常會對挺著肚腩的同齡男人嘖嘖不表贊同。當我們在一起的時候，他往往會提到某某人顯得老邁，某某人卻不顯老。有一回我們在川斯凱地區健行的時候，遇上兩個和他年紀相仿的鄰村婦人。她們說他看起來很年輕，他聽了眉開眼笑。這對婦人則老態龍鍾。

「鄉村的生活非常艱苦，貧窮也讓人老得比較早，」他說。「很諷刺的是，獄中貧乏飲食和體力勞動的生活作息，反而讓人年輕長壽。」確實，監獄的生活制度包括每日的體力勞動，以穀物和蔬菜為主的嚴苛飲食，以及早睡早起的規定，類似溫泉養身中心或老人醫學專家為抗老設計的養生療法。席蘇魯以前常打趣地說，在監獄外頭生活比裡頭的壓力還大，出獄之後他就沒有一天睡得好。曼德拉常跟我提起他在獄中的早晨運動慣例，包括跑步四十五分鐘，接著是兩百下仰臥起坐，以及一百下指尖伏地挺身。有一天，他說著說著就伏在地上，快速做了兩個指尖伏地挺身給我看，然後帶著得意的笑容，拂去手上的灰塵。

＊

不過曼德拉的格局更大，對外表的重視不只是講究服裝而已，他瞭解形象的力量。早在網際網路和二十四小時有線電視新聞問世之前，他就深入思考選民和媒體會如何解讀自己的行動，他所屬政黨的政策在世界舞臺上給人什麼印象。「表象構成現實，」他這麼說過。他瞭解象徵的力量，明白象徵往往比實質重要。畢竟，他就是結合了象徵與實質，才成為國家的領袖。他是具有貴族氣質的革命家，也是不懷怨恨的囚犯。從一開始，他就既是高挑、瀟灑又具魅力的偶像，卻又同時懂得政策和政治。席蘇魯告訴我他在一九四一年初遇曼德拉的事，「當時我們打算搞成群眾運動，然後，有一天，一位群眾領袖就走進我的辦公室。」

曼德拉天生擅長社會學家所謂的「形象管理」。沒錯，他堅信非洲民族議會需要採取武力抗爭，才能達成目標，但他也相信幾次象徵性的爆炸事件可以團結反種族隔離運動。沒錯，他在利沃亞審判上不認罪，但是他對法庭和全世界聲明他的確企圖推翻不公義的白人政府。沒錯，他認為白人獄監對他並不和善，但他想讓白人民眾知道他並不心懷憤怒或怨恨。

他總是花許多心思計劃一項政策或行動給人的印象，考慮的層面鉅細靡遺。他會思考競選海報的設計，和幕僚討論在海報照片上他應該和什麼人握手。有無數次，我和他坐在車子的後座，等待最佳時機才下車。無論是下飛機或走入房間的時候，他都曉得在什麼時機、什麼姿態會讓他贏得最廣大的注目。

曼德拉也清楚，掌握主動往往帶來權威。在任何政治或社交場合，他總是第一個起身拍手，第一個和表演者握手，以及第一個恭賀獲獎的人。他和人打招呼，而非等著別人來向他打招呼。他不會錯過在任何場合發言的機會，不論場合再小、再隨性，他都一定會說些話。沒有人可以阻止他起身發表談話。他向來都是主人，而非賓客。他第一次到倫敦見英國女王的時候，他的模樣彷彿是對拘謹的鄉下婦人展現他的王室盛情。

同時，他試圖傳達毫無偏私和超越偏見的印象。獄方准許政治犯在週末的時候，走到足球場觀看其他囚犯踢足球。在前往足球場的路上，他總是選擇和印度裔或其他有色人種獄友同行，表現出他不以種族來區分人。即便在那些時日，早在他當總統前，有人問起他最喜歡的球隊是哪一支，他總是拒絕回答。

「我從來不偏好特定明星球員或球隊，」他說。「一個領導者做這種事就太失策了。我避免表示自己特別喜歡哪個球員，因為這麼一來，就會立刻失去其他球員的支持。在獄中，我會說我支持全部的球隊，我支持最好的球隊。」

同理，他熱中於展現他善於和民眾打成一片。在公開活動和餐宴上，他都會走到廚房和工作人員握手。在機場的時候，他會和航空公司的地勤人員握手。儘管他樂於和名流作伴——他確實樂在其中——卻不想給人菁英分子的印象。他總是希望讓人知道，他接受作為領袖的負擔和樂趣，而且他跟任何人都可以相處。

曼德拉是自律甚嚴的人，他也積極給人「紀律嚴謹」的印象。我們剛剛開始合作的時候，我和他約定星期六早晨在他的辦公室見面。我到辦公室的時候還不到七點，他一身西裝，正坐在辦公桌前講電話。很顯然，他的電話把對方從睡夢中吵醒，對方說了類似這樣的話，「你從不睡覺嗎？」然後曼德拉說：「我是個老頭子，晚上睡兩個小時就醒了。」他掛上電話後，我問他說的是真的嗎。他笑著說：「才不是，我睡八個小時。」

*

林肯從不放過照相的機會，曼德拉也一樣，他明白影像的力量非凡，深切影響人們對你的觀感。他從年輕的時候，就愛照相。在沙佩維爾事件（Sharpeville Uprising）之後，他對著鏡頭燒掉通行證；他在拳擊場內外坦露胸膛讓人拍照；他一身非洲王室服飾出席叛國大審判；就連在羅本島也拍了照。早在部落格和社交網站出現前，他就很清楚影像歷久長存，不管是幫你加分或減分都是擦不掉的。所以終其一生，他創造和主導自己的形像。他會協助策劃用什麼來代表自己，且避免留下任何他不想讓人得到的印象。

觀看曼德拉的老照片，你會注意到他那一代非洲男人非常罕見——甚至可說是獨一無二——的特點：燦爛的笑容。曼德拉的笑容是史上最光彩動人的笑容之一。他的笑容傳達溫暖和智慧，權力和慷慨，瞭解和寬容。這是席蘇魯在這個來自川斯凱地區的年輕人身上，最早注意到的特質之一。在那個時代，非洲黑人應該顯得謙卑溫馴，而公眾人物若是帶著笑容，會顯得不正經。笑容是很現代的事。曼德拉的笑容意味著自信，表明他是快樂的戰士，而非復仇心切。

他很早就體會到，笑容是他具有的影響力之一。那些年我和他出席過數百個拍照的場合，注意到他的笑容總是完美不變。有如偉大的演員那般，他學會讓自己的笑容臻至完美。他的照片看再多，會發現笑容總是一模一樣。笑容就是他的面具。

一九九四年的總統競選活動中，他的笑容成了選戰招牌。微笑的肖像海報無處不在——在廣告看板、高速公路、路燈、茶館和水果攤隨處可見。這個笑容告訴黑人選民，他將是他們擁護的人；同時告訴白人選民，他將是他們的保護者。這是代表法國俗諺「要能寬恕一切，就會豁然開朗」的笑容。這個笑容是給緊張選民的政治百憂解。

說到底，這是他被釋放出獄後要傳達的首要訊息：他是個不懷怨恨的人。他在成為南非首任普選總統之後，重大的任務是擔任一國之父的角色，將一個族群繁多與飽受戰爭創傷的地區團結成一個國家。從出獄那一刻到歷經總統任期之後，他始終努力讓人知道，他絲毫不帶怨恨。從出獄後的第一場記者會上，他談到獄監的慷慨，往後也說過數百次「遺忘過去」，他要傳達的主要形象，是一個想要寬恕和遺忘的大家長。他曾和幾位白人獄監一同亮相，包括以身為曼德拉的「朋友」而聞名一時的詹姆斯·桂格里。❶他公開探訪前任總理約翰·沃斯特（John Vorster）的遺孀，種族隔離政策就是在沃斯特手中實施的。他攬著右派前任將軍康斯坦德·維爾容（Constand Viljoen）的肩頭，維爾容曾謀劃政變要推翻曼德拉。這些舉動都是為了要彰顯這個概念：他是一個含納眾族的彩虹國度的父親，他已經埋葬過去，展望未來而不回顧過去。他很清楚，展現憤怒會削弱自己的力量，隱藏憤怒則會提升力量。

不過，不少這類舉動只是在人前作戲。私底下，曼德拉為這些遭遇感到非常痛苦。他明白自己的精華歲月都在牢獄中度過，認為獄監和政府領袖的觀點狹隘又難以理解。他並不喜歡桂格里，覺得桂格里目光短淺，而且利用他們的關係為自己圖利。妻子溫妮數十年來受到的不公待遇，讓他忿忿不平。政治對手對他的暗中打擊，讓他憤怒。他覺得自己為了抵制壓迫和偏見的抗爭運動，犧牲了婚姻和家庭。不過，他知道不能讓人瞥見簾幕後的祕密，不能暴露自己真正的感覺。

❶ 譯注：詹姆斯·桂格里（James Gregory，1941-2003），他的回憶錄被拍成電影《再見曼德拉》（*Goodbye Bafana*）。

我們生活的時代和曼德拉不同，現代人對情感的表露比較開放，但他會說，一個人不能對人毫無隱瞞，完全敞開自己的情感。沒錯，情感可能是真實的，真實是現代人重視的價值，但我們可以展露真實的自己，而毋須做不必要的揭露。這就是曼德拉展現無比紀律之處，也是笑容是他面具的原因，笑容掩飾了痛苦和悲傷，既是隱藏也是披露。

終歸到底，曼德拉的笑容是他塑造自我的象徵。他在每個人生階段，決定自己想要成為的人，先是創造表象——然後成為真實。他成為自己心目中的樣子。

第六堂課　把握核心原則——其餘都是策略

曼德拉是個有原則的人——他的原則就只有那麼一條：人人平等，不分種族、階級和性別。其餘的事大致上都是策略。

我知道這聽起來像是誇大之詞，但很少人對此有所懷疑，曼德拉是徹底務實的人，只要能讓他達成目標，他願意妥協、改變、調整和修訂策略。為了那個高尚的目標，幾乎任何手段都是合理的。而在一九八〇年和九〇年代的南非，這就代表一件事：必須推翻種族隔離制度，達成不分種族的民主制度，一人一票。就是這樣。

曼德拉有先知、聖人和英雄之稱，但他不是天真的理想主義者。他是有理想的務實主義者，目的非常高尚，但說到底，他關心的是做好事情。

在我們相處的時間中，他一再提到原則和策略的區別，這個觀點是他在獄中逐步發展而成的。要論對策略的掌握，入獄時的曼德拉，完全比不上出獄時的他。他年輕的時候，往往依循較不切實際的原則，做了一些日後懊悔的決定，我們在後文會談到。不過，歷經身為自由鬥士的歲月——對抗幾乎沒有原則可言的對手——以及長年的牢獄生涯，他成為一位戰術家和策略家。

光是聽曼德拉的公開演講，不會發現這一點。他會談自由民主的高尚理念，這些言論聽起來和別人說的差異不大。他明白具有轉化力量的領導者不會談民調、選票或策略，他們談的是信念和理想。不過，曼德拉私下談起政治策略或戰術時，有如講述一門研究所的課程，成為任何總統候選人都會搶著請他當顧問的人。

他付出很大的代價才學到策略之學，但他不但學到策略，也學到隱藏策略的巧藝。

*

長大成人的曼德拉性格堅強又充滿自信，這在二十世紀初期的南非黑人身上非常罕見。殖民主義和當時的種族隔離政策都是旨在削除南非黑人的男子氣概。曼德拉從小就展現出貴族氣質，部分原因是與生俱來的，但很大的原因來自於他是在一個非洲王室宮廷受教長大的。他成長於十九世紀式的部落世界，幾乎不見白人的蹤影，不像和他同世代的許多南非黑人受到種族歧視的傷害。在他小時候，白人是遙遠的存在，不曾侵入他的日常生活。他要上了寄宿學校，才首次和白人握手。他的世界顯得隔絕而且也與眾不同，儘管有不足之處，這樣的隔絕讓他長大後，不受種族歧視和低落期望之害。自信就是他成功的關鍵，也是非洲民族議會指定他為群眾領袖的原因之一。

等到年長些，上寄宿學校之後，他才見識到階級和種族差異的情況。尤其是到了約翰尼斯堡，人們不再把當他當族長兒子看待，只把他當成另一個鄉下來的貧窮無知男孩，他這才清楚意識到黑人和白人的隔閡。曼德拉在親身遭逢種族歧視和漠視之後，感到憤怒——他竟然受到這樣的對待，竟然有人受到這樣的對待，他憤怒到願意放棄一切舒適的生活，投入反種族歧視的抗爭。正是他的自信和強烈自尊讓他感到強烈的憤怒。自尊心低的人被別人看輕，只會證實自己的低落自我價值感。自尊心強的人遇上同樣的事，則感覺受到冒犯。曼德拉當時就是覺得備受冒犯。他並非容易生氣的人，但當他真的生起氣來，就會變得非常固執。在曼德拉的情形，這種固執持續了半個世紀。儘管他會強烈反對「政治事務都是個人事務」的說法，但他自己的政治根源，就是個人數次受到冷落和輕視的南非黑人經驗。

*

在瓊金塔巴酋長的資助下，曼德拉進入南非唯一收黑人學生的大學——福特哈爾大學。這是一所小型的菁英教育機構，小巧校園裡有著環繞青青院落的維多利亞式建築。曼德拉在校的時候，學生人數只有一百五十位。這所大學不但培育傳統的部族領袖，也孕育曼德拉這樣的未來革命家。他們的學生大多是像曼德拉這樣來自優渥非洲貴族家族的年輕人，或是成績優秀的教會學校黑人學生。他們都是西裝筆挺的文雅男孩，校規也很嚴格。主持大學的是亞歷山大．科爾（Alexander Kerr），這位嚴厲又博學的蘇格蘭人對學生要求很高，但對這所學校也很自豪。曼德拉有位出身騰布族王室的姪子馬坦齊瑪（K.D. Matanzima）是他的學長，這個高大自傲的年輕人不但比曼德拉年長，也是酋長繼承人，曼德拉很崇拜他。

曼德拉在學校的人緣很好，他聰明、平等待人、品貌兼優，而且是運動健將。二年級的時候，曼德拉參與了一場比對抗種族歧視要平凡一點的抗議活動

——學生抗議學校伙食很差，決定杯葛學生會的選舉。不過，有些學生還是去投了票，結果曼德拉選上學生議員。這件事讓他很困擾。由於他並未得到多數票，他認為這個結果不正當。科爾博士堅持要曼德拉和其他議員當選人就任上職，而且對曼德拉下了最後通牒：他若是不當學生議員，就必須離開福特哈爾大學。他回想起這件事是這麼說的：「我很恐懼，就去找馬坦齊瑪，把事情告訴他。他說，沒關係，這是原則問題，告訴他們你絕不會就職。於是，我就這樣告訴科爾——比起科爾博士，馬坦齊瑪還更令我害怕。」科爾要他做個決定，曼德拉堅持原則，離開了學校。

曼德拉說這個故事時，帶著笑容輕聲笑著。他笑的是那個倔強年輕人做的決定，是他今天絕不會做也不會建議別人做的事。那個年輕人放棄的，是能讓他在反歧視抗爭中更具影響力的教育優勢。原則並非一概平等，我們必須衡量原則的相對益處。在學校這件事上，曼德拉堅持的原則並不重要，而犧牲卻很大。代價遠超出裨益。

在某種程度上，這個決定開啟了曼德拉挑戰權威的生涯。他回到梅奎克齊尼後，很害怕必須把事情告訴酋長。他最後說出口時，酋長對曼德拉的行為既不解又大怒。不久，曼德拉就和堂哥賈思提斯逃家去了約翰尼斯堡。

＊

曼德拉在約翰尼斯堡的早年生活讀來有如一部惡漢小說[1]：他在礦場當守夜人，卻被解雇；換了好幾個沒有電力的棚屋住；收留他的家庭認為他是個不上進的浪蕩子。直到遇上了日後將成為終生友人和導師的席蘇魯，他才改過自新。席蘇魯幫他在約翰尼斯堡一個猶太人的小律師事務所找了一份文書工作——那也是少數願意雇用黑人當律師助理的事務所。曼德拉覺得法律是他的前途所在，是能靠自己能力出頭的方式，於是在維瓦特蘭（Witwatersrand）大學註冊念法律課程。他帶著微笑回憶到，那裡的法律教授說有色人種不夠聰明，沒辦法當律師。

曼德拉後來和友人及同志譚波創立的事務所，是南非第一家黑人法律事務所，也成了黑人菁英尋求法律諮詢的地方。曼德拉在法庭上作風強悍又充滿活力，為客戶對抗諸多種族隔離法令。他對自己的律師專業能力感到自豪，也信任法律具備的清晰理性。

儘管他受的法律教育教導正義是「盲目」而毫不徇私——確實，在他常出庭辯護的法院外頭，就豎立了一座蒙著眼睛的正義女神雕像——但他從許多證據所見，事實恰恰相反。他在法庭上見過法官區分種族的方法，是看他客戶的肩膀

❶ 譯注：惡漢小說（picaresque novel），源自十六世紀的西班牙，是對騎士小說中理想主義的反諷，故事內容多描寫惡人如何冒險犯難、對社會極盡辛辣諷刺。

傾斜度，或是一根鉛筆能不能留在頭髮上；見過白人被告憑著膚色就脫罪，黑人被告因為膚色而被定罪；而且他每天都目睹政府運用法律壓制非洲民族議會和爭取自由的運動。「在實務上，」他在未出版的日記中寫著：「法律只是統治階級用來控制社會秩序以圖利自己的組織力量。」他不得不獲得這樣的結論：法律並非如他最初以為是關乎平等正義的不變道德原則，而是要用來達到政治目的的策略。

在曼德拉創立非洲民族議會青年團的早年時光，充滿原則和策略的衝突。他起初反對讓黑人以外的種族成為民族議會的會員，後來他改變想法。他一開始也反對讓共產黨黨員加入民族議會，但後來他也改變了想法。在每個例子，都是務實觀點戰勝原則。在每個例子，他都是考量哪種立場最終能幫助非洲民族議會更為壯大，並因此做下決定。

策略戰勝原則的情形，最明顯的例子就是曼德拉和非洲民族議會決定把武力納入自由抗爭。非洲民族議會自一九一二年創始以來，非暴力抗爭一向是其宗旨核心。民族議會的歷代領袖都深受甘地的影響，非暴力是該組織不可動搖的綱領。

不過，眼見政府不斷使用武力鎮壓黑人的抗議活動，曼德拉終於對非暴力手段失去耐性。他覺得自己彷彿是帶著長矛參加槍戰。最後，在一九六一年，他前往納塔爾省和當時民族議會的主席亞伯特．盧圖利（Albert Luthuli）討論改變抗爭策略的事，盧圖利在前一年因領導非暴力反種族隔離運動而獲頒諾貝爾和平獎。曼德拉極為尊敬他口中的這位「酋長」。我問他盧圖利有什麼反應。

「他當然反對，因為他相信非暴力這個原則，」曼德拉回憶道。「我和其他人則相信非暴力是個策略，可以隨時因情況需要而有所改變，這就是我們抱持的歧見。」

非洲民族議會裡有許多印度裔成員堅決不放棄非暴力策略。曼德拉記得偉大的印度裔自由鬥士辛格（J.N. Singh）就強烈反對。「辛格雄辯滔滔地堅持：『不是的，非暴力並未讓我們失望，是我們讓非暴力失望。』你曉得的，這類口號有強大的影響力。」可是在曼德拉看來，這種反對意見已經成為口號，而非原則。曼德拉固執地認為，惟有武力游擊運動才有機會推翻種族隔離制度。「這是要看用和平或武力手段，孰優孰劣的問題。這是完全由情況決定的。」他這麼告訴我。

情況和原則決定了策略。曼德拉從來就不是甘地。甘地是全心把非暴力手段當成生命原則的人，要是違背這個原則，他會覺得勝利不值得擁有。沒錯，曼德拉比較喜歡非暴力的手段——也厭惡任何暴力行為——但非暴力這個政策已經損害到曼德拉念茲在茲的首要原則。

不少政治犯趁著在羅本島時，取得函授大學學位，曼德拉向來對此事感到驕傲。往後，許多政治犯都稱羅本島為「大學」。羅本島也是曼德拉的大學，但教的並非學術教育。他學到的是實事求是，而非空談理論，也學到從現實狀況檢視各種原則。在獄中，他和同志花了無數時間辯論理論問題：比較資本主義和社會主義，比較部族主義和現代主義，就連老虎是不是非洲大陸原生種動物也在討論之列，曼德拉也熱烈參與這些討論。

然而，他一出獄後，便把抽象理論的辯論擺一旁。他很快就體認到，社會主義會對民主制度和種族和諧造成阻礙，而部族主義有可利用之處。他和奉行資本主義的白人領袖，以及黑人部族領袖都和平共處。一旦他完成將民主帶到南非的重大目標，就致力於達成民主的必然相關目標：種族和諧。相較於這些首要目標，其他的事都是次要的。一旦情勢改變，你就必須改變策略和觀念。這並非優柔寡斷，而是務實。

第七堂課　發現別人的優點

有些人說這是一種盲點，有些人說這是太天真，但曼德拉認為每個人在被證明是不道德前，都是道德的。他假設遇到的人都是心懷善意，他也相信，一如假裝勇敢能引發勇敢的行為那般，看見別人的優點能提高他們顯露良善本性的機會。

一個大半生受到不公待遇的人，竟然常看到別人的良善，實在不尋常。有時候和曼德拉談話頗讓人挫折，因為他幾乎不會說人是非。他甚至不願意對那個想把他處以死刑的人說一句壞話。我有次問到約翰．沃斯特，那個同情納粹、執行更嚴苛的種族隔離政策，而且感嘆沒有處死曼德拉及其同志的南非總統。

「他是一個文雅的人。」曼德拉非常真誠地說道。「首先，他很有禮貌。他談到我們的時候，都用禮貌的稱呼。」

這話聽起來像是由於前伊拉克總統海珊愛護動物，就稱讚他。不過，並非曼德拉看不見沃斯特這類人的黑暗面，而是他不願意只看到別人的黑暗面。他明白沒有人是純粹善良或徹底邪惡的。有一天我們談到曼德拉在羅本島上的一個囚犯對手，那個人曾列出一長串他對曼德拉的不滿事項。我問及那個人時，曼德拉沒提他的敵意，卻說：「我從他身上學到的是勤奮工作……」

我從他身上學到的……。曼德拉會找出正面和有建設性的事，他選擇忽略負面的事。他這麼做有兩個原因：因為他出於本能就看見別人的良善，也因為他在理智上認為，看見別人的良善，可能讓別人成為更良善的人。無論是同事或家人，如果你對他們有較高的期待，他們往往會有較多的貢獻。或是他們在沒達到期望時，會感到慚愧。

曼德拉對人最嚴厲的批評是，「他們只是做有利自己的事」。有一次，我聽到他和南非最大規模黑人報紙的主編在講電話。那位主編打算刊出一篇關於談判過程的報導，曼德拉請他暫緩刊出，因為這事非常敏感。講完電話後，曼德拉向我保證那位主編會拿掉那篇報導。結果隔天，那則消息活生生地就刊載在頭版新聞上。我把這件事告訴他，他笑著說：「這些人會做這種事，並非別有心機。他們只是做有利自己的事。所以，我不會生氣。」那位主編並未誤導他，只是覺得那樣做對自己有好處。所以把這種事放心上，毫無意義，曼德拉也不會這麼做。

*

說來奇怪，監獄擴展了曼德拉對人的認識，而非窄化。牢獄經驗讓許多人心懷怨恨，卻讓曼德拉心胸更加開闊。一開始在羅本島監獄裡，囚犯常被動粗毆打，他們與外界幾乎毫無聯絡，這類暴力事件也無人聞問。當時島上的指揮官是皮特．巴登霍斯特（Piet Badenhorst）上校，他以冷酷殘暴聞名，被視為是頑固守舊的白種南非典獄長的極端代表。他認為黑人囚犯無異於禽獸，應該以禽獸的方式對待；他也認為政治犯是恐怖分子，曼德拉則是頭號恐怖分子。曼德拉曾和他多次起衝突，發現這個人真的是冥頑不化。

一九七〇年代初期，一群法官到島上訪視，獄友請曼德拉出面向法官陳情。「當時剛發生一次攻擊事件，另一區的囚犯遭到毆打，」曼德拉告訴我。那些法官——大多是講英語，而且思想比監獄官員開明——一到島上就表示，巴登霍斯特不會參與他們的會議，曼德拉可無所顧忌表達意見。曼德拉卻主張應該讓巴登霍斯特出席，表示他不會因此就害怕說實話。在會議上，曼德拉說起最近的攻擊事件，巴登霍斯特打岔，問他：「你親眼看到有人被打嗎？」曼德拉表示沒有。巴登霍斯特用手指指著曼德拉說：「小心點，別談你沒看到的事，否則你就會有大麻煩。」席上一片沈默，曼德拉接著轉向法官群，冷靜地說道：「你們可以看到我們有什麼樣的指揮官。要是他敢當著你們的面威脅我，你們就可以想像，你們不在這裡的時候，他會做什麼樣的事。」

曼德拉說這個故事來顯現巴登霍斯特最惡劣的一面。但他接著又談起另一個關於巴登霍斯特離開羅本島的故事。監獄管理總長史坦（J.C.Steyn）將軍偶爾會到島上做訪察，當他在島上的時候，他召見曼德拉。巴登霍斯特也在場，史坦問曼德拉有沒有事情要陳情。曼德拉秉持律師本色，不慌不忙地一一說出囚犯的抱怨，他向來不害怕在權威面前陳述自己和同志的論點。等他說完後，史坦說他有消息要告訴曼德拉：巴登霍斯特上校將被調離羅本島。曼德拉記得，當時巴登霍斯特轉頭對他開口。

「巴登霍斯特對我說了類似這樣的話：『我想要祝你們好運。』他說這話的樣子，就和正常人一樣，他溫和、甚至稱得上體貼的語調，讓我大吃一驚。我必須說，真的讓人很意外。我向他表示感謝。事後我想了很久。這件事讓我知道，這些人並非沒有人性，他們的非人性是被強加在他們身上的。他們舉止有如禽獸，是因為那樣的行為受到獎勵，他們以為這樣可以幫助他們升官晉職。那一天讓我體認到，巴登霍斯特並非外表看來的那個人，而是一個比他所作所為更好的人。」

這個頓悟切中曼德拉對人何以為人的信念，他是「比他所作所為更好的人」，他的動機沒有行為來得那麼殘酷。沒有人是生來存有偏見，或是天生就是種族歧視者。他主張，沒有人內心是邪惡的。邪惡是境遇、環境或教養灌輸或教導而來的，邪惡並非來自本性。是種族隔離制度讓人邪惡，而並非邪惡創造種族隔離制度。

曼德拉的同志把所有獄監看成一個整體，是無情種族隔離體制的化身。曼德拉則傾向從獄監身上找出正派、可敬的例證。終歸到底，他認為獄監既是體制的加害者，也是受害者。曼德拉告訴我，獄監都是未受教育、心思單純的人，自小受到不公的、種族歧視的體制反覆灌輸觀念。他們幾乎清一色出身貧窮家庭——就和大部分的囚犯一樣。曼德拉是閱讀廣泛的律師知識分子，曾遊歷非洲，比這些獄監見識過廣大許多的世界。儘管方式和曼德拉及其同志不同，這些獄監卻也受到種族隔離制度之害。

曼德拉對每個星期天來跟囚犯講道的牧師安德烈．薛佛勒（André Scheffler）也抱持同樣的看法。薛佛勒是荷蘭改革宗教會的牧師，講道充滿地獄懲罰的威嚇，他相信、他「知道」種族隔離是神的旨意。「他非常鄙視我們，老是惡言相向。」曼德拉這麼回憶道。薛佛勒把曼德拉及其同志當成一般的犯罪者，而且這些人正試圖推翻一個有神學基礎的公正制度。

「你們自以為是自由鬥士，」曼德拉記得他這麼說：「你們被逮捕的時候，一定是抽了大麻又喝得爛醉。你們這些人對所有問題都只有一個簡單答案，老說是白人造成的。」

其他的囚犯認為薛佛勒令人厭惡，都盡可能避開他。曼德拉卻把他當成一項挑戰。他認為宗教信仰和種族隔離制度一樣，都是環境強加在人身上的，牧師的熱忱只是反映他所受的教養方式。曼德拉看穿他充滿痛斥的講道詞，看到咄咄逼人言詞背後的人性。於是，牧師努力要黑人囚犯改變信仰，曼德拉也同時努力著要改變牧師的信仰。

「我們對他下功夫，」曼德拉說。「我要他來對我們講道。我們一向努力要說服人認同我們的目標。我們逐步向他解釋我們是什麼人，入獄的原因，又抱持什麼樣的立場。」依曼德拉所言，久而久之，薛佛勒變得愈來愈友善，起碼瞭解他們抗爭的原因。薛佛勒並未認同他們的觀點，但不再是敵人，曼德拉說服了他。

大體上，曼德拉的同志放任他有時對獄監太善良的觀點，但他們偶爾會批評他太相信人，太願意在那些無可救藥的人身上看到良善處。何必要瞭解敵人，他們會這麼說，面對敵人，唯一要做的事就是打敗他們。有些人說曼德拉太天真，他的開明態度其實是一種智性軟弱。他們抱怨，曼德拉太容易受善意舉動的影響，任何獄監只要客氣地對他說話，他就會聽他的命令。他們認為這類行為顯示出曼德拉對地位的渴求。他有些同志甚至認為，這不單是性格缺陷，而是犯了姑息敵人的罪。

曼德拉很清楚他受到這些批評，但他有自覺地選擇寧可錯在太慷慨，即使對這些批評者他也採取同樣的包容態度。他相信，藉由以高尚的行為待人，即使對象不值得這樣的對待，也能影響他們有更高尚的行為。這種做法有時證明是有用的策略，尤其是在他被釋放出獄後，他開明又容易信任人的態度讓他顯得是個能超越怨恨的人。他鼓勵南非人「遺忘過去」，大多數人相信曼德拉真的遺忘過去。這種態度帶來雙重效果：白人比較信任曼德拉，也比較能大方對待不久前還受他們壓迫的人。

*

曼德拉認為信任人是有好報的，但即便是他也要承認曾經遭信任的人背叛。

他最懊悔自己太過信任的人，是釋放他出獄的戴克拉克，兩人最後還共同獲頒諾貝爾和平獎。曼德拉記得，打從一開始，戴克拉克就對他「非常客氣」，這是很能討好曼德拉的方式。早先，曼德拉稱他是「正直之士」，但到了談判的高潮，他就後悔給戴克拉克這樣的稱呼。

戴克拉克同意釋放曼德拉和對非洲民族議會解除禁令之前，曼德拉在三個場合見過他。從一開始，曼德拉就覺得他是南非國民黨（National Party）中不同型態的領導者。曼德拉稱他展開改革「很有勇氣」。曼德拉初次見到戴克拉克，是在戴克拉克的辦公室，當時曼德拉還在維克多弗斯特監獄。他先祝賀戴克拉克當上總統，然後責備他所提的「群體權利」（group rights）政策提案，曼德拉形容那是讓「種族隔離制度走後門」。據曼德拉說，戴克拉克當場回答，要是曼德拉不贊成，他就不會繼續推行提案。「我非常欽佩他，」曼德拉告訴我。在許多方面，戴克拉克對曼德拉運用的策略，正是曼德拉用來對付獄監和以往總統的策略。他對曼德拉極盡禮數，樂於接納，彷彿兩人是同一個模子印出來的。

我曾在一些場合和他們兩人在一起，戴克拉克對曼德拉的態度很親切卻也很正式，他會用他渾厚的男中音稱他「曼德拉先生」。菸癮很重的戴克拉克甚至不在曼德拉面前抽菸，即使曼德拉並不在意菸味。曼德拉沒有意識到戴克拉克有些行為，是用來解除他敵意的策略。曼德拉發現和利用別人身上的盲點，他自己卻也有同樣的毛病。

在曼德拉被釋放之後，隨著選舉與新憲法的協商正式展開，此時曼德拉對戴克拉克的看法開始有了轉變。他認為政府支持他所謂的「第三勢力」，這個祕密的準軍事組織煽動暴力，意圖挑起內戰。曼德拉認為戴克拉克知道也默許這種情況，兩人在公開和私下場合爭執不斷。曼德拉於是明白戴克拉克虛偽又表裡不一。

曼德拉鮮少在公眾場合發怒，但戴克拉克就曾惹過一次。那是在一九九一年十二月，兩人都準備發表公開談話，象徵展開南非首部民主憲法的歷史性會談。而這些協商也是南非在一九九四年能首次舉行一人一票選舉的關鍵。曼德拉告訴我，戴克拉克私下請求曼德拉先發表談話，曼德拉表示同意。於是，他先上臺，以充滿善意的口吻，論及他對憲法會談抱持的期望。可是，當戴克拉克演說時，卻毫無善意，反而斥責非洲民族議會和曼德拉保有造成國內暴力事件的祕密軍隊。基本上，他是在指控曼德拉表裡不一，其實卻是曼德拉私下不斷向戴克拉克表示他對第三勢力的憂慮。曼德拉認為戴克拉克滿嘴謊言。戴克拉克演說完畢後，原本會議就要終結，曼德拉卻站了起來，當著電視現場轉播，大步走上講臺。他面色鐵青、咬牙切齒，說話時看也不看戴克拉克。

「即使是不合法、不正當的少數政權領袖，也必須遵守一些道德原則……要是一個人能在這種性質的會議上玩這種政治遊戲——不會有幾個人願意和這種人打交道。」

我從沒見過曼德拉這麼氣憤，顯然他用了無比的自制力不讓自己失控。他們曾有過君子協定，他覺得自己很客氣地讓戴克拉克最後發言。現在他覺得受到背叛——他非常看重禮貌和相對的善意行為，因此覺得特別受傷。

多年後，我和曼德拉談到戴克拉克時，看得出來他的創傷已經漸漸復原。他說戴克拉克只是做有利自己及其支持者的事——他很失望戴克拉克的觀點沒辦法超脫私利。他承認自己對戴克拉克做了錯誤的評判，但覺得自己信任他並沒有做錯。戴克拉克是南非通往自由路上必要的夥伴，曼德拉覺得去否定戴克拉克是個正直之士並無用處。畢竟，說不定日後他會需要戴克拉克幫什麼忙，何必疏遠他呢？

曼德拉看見別人的良善之處，是因為本性使然，但也符合他的利益。有時候，這意味著盲目，但他向來願意冒那個風險。這的確是個風險。我們總以為風險是行動上的冒險，比方攀登陡峭的山，或是在後果不確定的情況下做決定，例如把錢投入不確定的投資事業。不過，曼德拉還相信情感上的風險，也願意冒這種險。他放手一搏，即便相信別人會讓自己受傷。我們有時候對不熟的人吐露真心話，就是在做這種事。可是，我們很少把試著找出日常生活中人們的正派、誠實和良善之處，當成一種風險。

「人們會覺得我看到別人太多的好，」曼德拉有一次這麼對我說。「這是我必須忍受也試著習慣的批評，因為無論是不是屬實，這都是有好處的事。假設別人是正直可敬的人，而且依據那樣的假設待人處事，是很好的事。因為如果你這樣看待與自己一同共事的人，往往就會吸引來正直可敬的特質。我有這樣的信念。」

第八堂課　瞭解敵人

在一九五〇年代，曼德拉白天是為反種族隔離運動而戰的律師，晚上則是業餘拳擊手。他幾乎每晚都在一家簡陋的健身館受訓，這家健身館位於約翰尼斯堡的奧蘭多（Orlando）黑人區。他身高一百八十八公分，身材健壯，但動作有些笨重——注定當不了重量級拳王。不過，他自律甚嚴，享受跳繩、長跑和打沙包這些訓練過程，更勝實際的對賽。他受教於史奇普．莫洛齊（Skipper Molotsi），這位性格火爆的教練教導他，一個好的拳擊手不但要強健靈敏，也要瞭解敵人。意思就是要能摸清對手出了一記刺拳之後會接著出左鉤拳，或者他被打了一拳之後，會往左或往右移動。

曼德拉體會到，這也是他在政治場域上要做的事。要打敗一個堅強的政治對手，就必須瞭解對方，找出對方的弱點。曼德拉處於劣勢的一方，因此也必須利用對手的力量，讓他自己打自己。

一九六一年，四十四歲的曼德拉創立「民族之矛」——非洲民族議會的武裝支派，他是民族之矛的首任總司令。他在民族之矛開始在軍事設施引爆炸彈之時，轉入地下活動，成了亡命之徒、南非的頭號通緝犯，以及白人媒體所稱的神祕「黑花俠」。他留著蓬亂的大鬍子，身穿老舊的連身工裝褲，開車時帶著寬鬆的帽子，讓人以為他是一個司機或花園工人。他研讀《孫子兵法》和任何可取得的軍事戰略書籍，逐漸對戰爭有了認識。

同時，他開始研讀另一種指南：阿非利堪斯語的文法書。

他的同志可以瞭解他閱讀《孫子兵法》的原因，但不明白他為何研究起阿非利堪斯語的詩藝，他們以前常取笑他學習壓迫者的語言。可是，曼德拉曉得要是他不瞭解敵人，就無法打敗敵人；要是他不會說敵人的語言，就無法瞭解敵人。確實如此。他的眼光看得更遠：南非任何制度和解決紛爭的和平之道，一定少不了要讓白種南非人參與。即使身為民族之矛的領袖，他無法想像把白種南非人趕盡殺絕，最終一定需要和解與談判。

我問曼德拉為何學習阿非利堪斯語，他給了一個非常坦白的回答。「因為要做一個公眾人物，你很顯然必須懂得這個國家的兩大語言。大部分的白人和有色人種都說阿非利堪斯語，要是不會說阿非利堪斯語，是很吃虧的事。」他頓了一下，補上一句：「當你說阿非利堪斯語的時候，就能直接打動人心。」

直接打動人心。這句話呼應了他另一句關於說服藝術的名言：「別對他們的頭腦說話，對他們的內心說話。」這個道理適用於各種生活領域——無論是要讓朋友或同事瞭解你的觀點，贏得選票，或是招攬新顧客。要讓人買帳，就要對他們的內心說話。曼德拉對待自己的支持者和阿非利堪人，都用這種手法。但面對阿非利堪人，他需要克服的層面更多。曼德拉明白種族歧視並非理性觀點，因此不能只以理性的方式來談論這個問題。他需要白人在理智上和情緒上，都能接受民主體制和多種族國家的概念。唯有如此，才能達到他追求的和解。過去他一向訴諸人民的理智，但他明白，只有贏得民心，最終的勝利才會到來。

*

一九六二年，曼德拉轉入地下活動一年半後——當時他才學習阿非利堪斯語幾個月——他從波札那進入南非邊境時，遭到逮捕。一旦被捕，他將面臨可能被處死刑的叛國罪審判。惡名昭彰的利沃尼亞審判為期將近一年，許多人認為這場審判將是他們最後看到和聽到曼德拉的場合。曼德拉提到在審判初期，曾和「一個友善的阿非利堪人獄監」談到審判。

「（他）問我這個問題：『曼德拉，你覺得法官會怎麼判你的案子？』我說：『唉，吊死我們。』我是開玩笑的，希望博取他的同情和支持。我以為他會說：『哎，我覺得他才不會。』他卻頓了一下，變得嚴肅，移開視線垂下目光，說道：『我想你說得對，他們會吊死你們。』」

這讓他一窺敵人的心理。阿非利堪人非常坦白直率，不會狡猾耍心機。不論他同不同情，都會說出自己的想法。

最後，法官裁定將曼德拉及其同志終身監禁。宣判當晚，他和其他黑人被告被送上箱型車，接著搭飛機到開普敦，然後送到羅本島。就是在羅本島的頭幾年，曼德拉開始認真學習法官和獄監的母語。他註冊上阿非利堪斯語的函授課程，這些文法書是在羅本島的艱困早年，獄方准許他擁有的少數書籍之一。（他申請了一本《戰爭與和平》，但遭到拒絕，因為獄方以為那是戰略書籍。）他利用各種機會用阿非利堪斯語和獄監談話。

許多同志無法瞭解他為何要學壓迫者的語言，認為他是在順從壓迫者。獄友不欣賞他的作法，獄監卻很感謝。獄監的英語拙劣，大多數的囚犯若非不會阿非利堪斯語，即是不願意說。曼德拉願意用阿非利堪斯語和他們交談，很快就產生效果。不久，獄監會在晚上到他的窗戶外，尋求意見。「不是吹牛的，」他跟我說：「他們常會來找我，尤其是在週末和晚上。有些獄監真是好人，但對於我們受到的待遇，會毫不妥協地表達自己的看法。」

曼德拉某種程度上藉由觸動對方內心，把一些敵人轉化成盟友。在他看來，獄監是南非阿非利堪人的小縮影，要是他能說服這些教育程度低落又往往心懷歧視的人，就有辦法說服所有的阿非利堪人。

曼德拉明白，他不但需要學會語言，也要能瞭解文化才行。於是，他背誦阿非利堪斯語詩作，鑽研阿非利堪人的歷史。他知道，阿非利堪人對自己的拓荒史和軍事能力都感到很自豪。他們崇拜在布爾（Boer）戰爭中擊退英軍的那些將軍，而當時大英帝國是世上軍力最強的國家。他熟記著名布爾將帥的名字和他們的英勇事蹟。研讀阿非利堪人的軍事史也讓曼德拉學到他們的打仗方式：他們隨機應變又足智多謀，充滿決心又不惜血戰。數十年後，他開始和政府談判時，官員發現他對阿非利堪將軍和戰役朗朗上口時，莫不感到驚奇和欽佩。

在羅本島上，曼德拉告訴同志，阿非利堪人也是非洲人。他們是移民非洲的荷蘭、日耳曼等歐洲後裔，已經和歐洲失去聯繫。他們在別的地方不再擁有家園，已經在移居的非洲紮根，就像適應力強又美麗的蘭花楹一樣，這種南美洲移植來的樹種，長久以來已成為南非文化的象徵。

曼德拉瞭解，非洲人和阿非利堪人有深刻的共同點。兩者都具有不安全感；都受過英國人的壓迫。英國帝國主義者矮化阿非利堪人，把他們當粗野的二等公民對待，地位僅高於非洲人。他們也覺得自己是受到鄙視的局外人，是受過委屈因而變得敏感的民族，和處於種族隔離制度下的南非黑人有同樣的心境。

曼德拉並未和羅本島上的獄監成為哥兒們，但長久下來，他們逐漸對曼德拉及其他囚犯表現出敬意和尊重。多年後，當他被移送至波斯摩監獄，享有單人囚室和更多的自由，但卻必須面對一個更為嚴苛的監獄指揮官。弗里茲・范・席特爾特少校（Fritz Van Sittert）以往管理的是一般罪犯，沒有處理過政治犯，更別提是世上最著名的政治犯。他不會寬待政治犯，對曼德拉受到特殊待遇，也不以為然。

儘管如此，曼德拉相信自己有辦法說服任何人，於是他對范・席特爾特做了研究，他發現范・席特爾特熱愛橄欖球。橄欖球是阿非利堪人的國家運動，簡直可說是一種民間宗教。橄欖球帶給阿非利堪人驕傲和獨特感。他們崇拜跳羚隊，這個國家隊的成員大多是壯碩的阿非利堪人，身穿搶眼的綠黃色相間隊服。這種運動反映了這個民族的特色：冷酷、迅速、激烈，用不著防護墊和頭盔。

正是由於這些原因，黑人自由鬥士看不起這種運動，認為橄欖球是阿非利堪人的殘暴象徵。南非黑人習於為跳羚隊的對手加油（就像俗語說的，敵人的敵人就是我的朋友），把國家隊打敗仗當成是反種族隔離的勝利。

不過，眼前曼德拉認為橄欖球是疏通范．席特爾特少校的方法。范．席特爾特每個月會來看他一次，為了他的來訪曼德拉會閱讀報紙的運動版，研究橄欖球事的賽績，熟記球員的名字和特長做準備。起初，范．席特爾特和曼德拉的談話總是很簡短，打定主意不給他任何特殊待遇。克里斯托．布蘭德（Christo Brand）當時在波斯摩監獄擔任獄監，他記得曼德拉用阿非利堪斯語和范．席特爾特談起橄欖球。不久，曼德拉就化解了范．席特爾特的敵對和保留態度，他開始和曼德拉交換起橄欖球軼事和對比賽的心得。

曼德拉在一九八八年被移送至維克多弗斯特監獄時，不但他的阿非利堪斯語更為精進，也有自己專屬的住處和廚師——獄監傑克．史瓦特（Jack Stwart）。史瓦特身材高挑、手腳靈活，留著花白的濃密小鬍子。他為曼德拉準備一天的三餐，曼德拉很喜歡他。「他煮的菜很棒，」曼德拉說，形容史瓦特是「思想先進的小伙子，完全沒有種族歧視」。曼德拉記得他們常常會為了該由誰洗碗而吵架，曼德拉執意要洗，史瓦特卻堅持那是他分內的工作。最後曼德拉還是把碗洗了。

我去拜訪過史瓦特。曼德拉被釋放後，他成了全監獄的廚師。他這個人看來有些不友善，但顯然對曼德拉很有感情。他們有許多相似處：從容不迫、謹慎又有節制。我問到他們用哪種語言交談，他才露出微笑。「我說英語，」他說：「他說阿非利堪斯語。」我問他為什麼。「這樣子我可以改善英語，他也可以增進阿非利堪斯語的能力。」曼德拉的阿非利堪斯語說得如何呢？他又露出笑容，「不錯，他說得很慢。」曼德拉說的阿非利堪斯語顯得刻板且咬文嚼字，但他認為嚴謹是表示敬意的方式。

*

我在第三堂課提過，曼德拉從監獄被帶去和波塔總統會面的事。在會面的事還沒確定前，曼德拉就已經開始準備。他盡量蒐集關於波塔的資訊，精心籌劃自己要說的話，而且演練了好幾個星期。他像個偉大的演員，一再排練，讓自己融入角色。

儘管做了充分的準備，他仍舊非常緊張。別人警告過他，波塔脾氣暴躁，因此他有打硬仗的準備。此事成敗難料。非洲民族議會已經成立七十年，這卻是議會領袖首度和南非總統會面。這次會面可能為創建不分種族的民主制度開啟和平之路，也可能引發血腥內戰。如果會面不順利，曼德拉也可能遭到同志唾棄。

會面當天，曼德拉很早就醒來，在出發前好幾個小時，就已經準備就緒。他被送到氣派的總統府——開普敦的「花園邸」（Tuynhuys），情報首長兼司法部長科比．柯慈帶他到餐廳。柯慈幫曼德拉把領帶拉直（曼德拉在獄中喪失了打好領帶的本領），而且跪著幫他把鞋帶綁好。

「我進門的時候，覺得非常緊張，波塔剛好也從另一道門進來。我們同時進門，顯然他算好時間，」曼德拉說。波塔「滿面笑容地伸出手」，曼德拉也伸出手，踩著自信的步伐大步上前，用阿非利堪斯語問候波塔。波塔也向他問好，問他要不要喝茶，而且親自為他倒茶。他們一起喝茶時，曼德拉向波塔透露他對阿非利堪人的歷史頗有概念，尤其熟悉布爾戰爭史。他對知名的布爾將軍們如數家珍，而且把著名戰役一一道來。波塔顯然很高興聽到這些事。

曼德拉讓波塔放鬆心情後，就借用阿非利堪人的歷史提出一個較不討喜的嚴肅論點。二次大戰時，南非的執政黨是操英語的聯合黨（United Party），而非說阿非利堪斯語的國民黨。南非對德國宣戰時，引起許多阿非利堪人強烈反對。阿非利堪領袖痛恨英國人，而寧願支持德國。而在此二十五年之前，也就是一次大戰開始之際，有一群阿非利堪人公然反對和大英帝國緊密結盟的南非政府，而且殺害了不下百人的政府軍。曼德拉尖銳地向波塔指出，即令如此，叛亂的首領服刑不滿一年，就被政府釋放了。

曼德拉重提歷史的目的，不只是要讓波塔知道他熟悉阿非利堪歷史，而且是要表明，阿非利堪人反抗英國人和非洲民族議會反抗種族隔離制度有相似之處。不過，他同時巧妙地暗示，那些阿非利堪叛亂領袖被捕後不到一年，政府就釋放了他們，他和同志卻被囚禁了二十多年。曼德拉接著請求波塔釋放席蘇魯，波塔曾公開拒絕釋放席蘇魯，但當時卻馬上答應了。

阿非利堪人直率，也欣賞別人的直率。曼德拉既直率又有禮，波塔很能瞭解這兩種特質的結合，因為他自己就是這樣的人。

*

曼德拉當上總統後，橄欖球再度成為他關切的事。他的首要之務是成為一國之父，當個能以共同願景將白人與黑人團結起來的大家長。批評他的人說，有時候曼德拉花在減輕白人恐懼的時間，似乎多過解除黑人的困苦。可是，曼德拉知道右翼阿非利堪人的反革命運動勢力強大，而且認為與其打壓他們，不如收服人心。即便他無法讓極右派回心轉意，起碼能說服處於中間的阿非利堪人，讓他們不要支持極右派。

一九九四至九五年間，正值南非國家和諧面臨最大威脅之際，曼德拉運用了一項不尋常的策略：訴諸運動來幫助和解。長久以來，非洲民族議會竭盡所能讓南非國家隊跳羚隊遭到國際賽事禁賽，也成功達到目的。如今曼德拉尋求解禁，還讓南非爭取到世界杯橄欖球賽的主辦權。他認為橄欖球有助團結，而非助長分裂，他開始積極拉攏橄欖球機構。他和跳羚隊身高兩公尺的隊長法蘭索瓦．皮納爾（**François Pienaar**）套交情，讓皮納爾拜倒在他的魅力之下。他拜訪了跳羚隊幾次，這些粗獷的阿非利堪人說起來對政治不感興趣，對黑人領袖和黑人政治也抱持懷疑。一九九五年五月，跳羚隊即將和上屆冠軍澳洲隊交戰的前一天，曼德拉搭機前往他們的訓練營，告訴他們是為整個國家出賽，全國人民不分黑白都支持他們。他還戴上跳羚隊的帽子。球隊經理後來告訴記者約翰．卡林（**John Carlin**）：「他贏得隊員的心了。」

曼德拉最著名的和解之舉，是一九九五年於約翰尼斯堡的艾理斯公園

（Ellis）體育館的決賽時，穿上跳羚隊的球衣和戴著隊帽。當他在賽前上場向隊長致意時，白人為主的觀眾開始反覆呼喊著：「尼爾—森，尼爾—森！」這是運動和政治史上最震撼人心的時刻之一。托奇歐．賽克斯維爾（Tokyo Sexwale）曾和曼德拉在羅本島服刑，他這麼告訴卡林：「我在那一刻才深深體會到，自由抗爭運動並非只是讓黑人擺脫桎梏，而是要讓白人擺脫恐懼。」

在曼德拉看來，瞭解敵人說到底，並非只是策略，而是同理心的表現。曼德拉可能說不出漫畫人物波哥（Pogo）的名言「我們已經和敵人照面，就是我們自己」，但是他一心要取得白人的信任，使他們對他產生忠誠。阿非利堪人看到曼德拉的努力，在曼德拉毋須妥協的時候，他卻刻意遷就。阿非利堪人最後瞭解這一點，因而信任他。他贏得他們的心。

曼德拉說，當你收服敵心的時候，千萬不要得意洋洋。當你取得最大勝利的時候，應該特別心懷慈悲。不論是什麼情況，都絕對不要羞辱敵人，而是應該讓他們保住面子。如此一來，曼德拉說，你就能化敵為友。

第九堂課　籠絡對手

曼德拉對朋友有點理所當然，對於敵手就不是如此了。他常常和同志失去聯繫，卻一定隨時掌握對手的消息。你可以信任朋友，大概曉得他們會支持你；你也可以信任敵人，可以想見他們一定反對你。可是，友善的對手就是你需要掌握的對象。曼德拉一向如此。

他追蹤對手的方式很謹慎。他不會考慮用情報系統或眼線打探對手。他明白掌握對手的最佳之道，並非從遠處監視，而是就近觀察。事實上，當他和對手共處一室時，他往往會請對手坐到他旁邊，這樣更方便注意對手的一舉一動。

曼德拉的準備功夫無比縝密，預估對手的舉動就是其中一個例子。別人常會勸我們預期意外會發生，為最不可能的情況作準備。曼德拉則會說，我們需要為意料中事做更好的準備，因為我們往往沒有為已知可能發生的事做好準備。如何面對可能挑戰自己的對手就是一個例子。

不論曼德拉身在哪個場合，幾乎總是眾人矚目的焦點，他也樂在其中。他的姿態有如銅板上的肖像——自豪、自信，下巴擡得高高的。他掌握全場的時候，會和在場人士一一做目光接觸，試圖贏取每個人的支持。少數焦點不在他身上的時候，你會發現他觀察評估著其他人。他的目光不在朋友身上，而是在對手或潛在對手身上。他觀察他們的作風，說話的方式，就連握手的方式也看在眼裡。他有一次告訴我，一個閣員和他握手時，眼睛沒有看著他，那不是好現象。

曼德拉和許多政客及領導者的想法不同，他從未把忠誠當成最重要的事。他期待別人忠誠，得不到別人忠誠以待會感到失望，但他明白政治和生活中的忠誠往往視情況而定，沒有所謂絕對的忠誠這回事。忠誠有很大一部分涉及私利，他想讓對手以為對他忠誠有利於自己——起碼降低他們不忠誠的可能性。

儘管曼德拉充滿警覺，但對人的判斷並非總是正確。他一心找出別人的優點，意味著他有時候看不到別人的黑暗面。他也容易因為別人的恭維、魅力和財富而受到影響。不過，他很懂得人性的弱點，向來戒備會衝動做決定的人，而非審慎做決定的人，可能是因為他自己年輕時就是容易衝動的人。年輕的曼德拉曾經對非洲民族議會的年長領袖造成威脅，因此他也留意這樣的人，曉得他們可能會削弱他的權力，打亂他的計畫。

事實上，他一出獄之後，非洲民族議會內新舊世代的緊張關係就很明顯。他明白民族議會內有兩大陣營：強硬派和和解派。分歧就在世代的差別，相較於曼德拉那輩的人，年輕一輩的領導者比較強悍好戰。班圖．何羅米薩（Bantu Holomisa）就是一個例子，這位將軍曾在一九八七年帶領軍事政變，掌控了川斯凱地區。何羅米薩當時年近四十，但外表看起來更年輕，他矮小粗壯，笑容迷人，笑聲爽朗。我覺得他是傳統領袖和革命家的奇異結合——野心勃勃、暴躁易怒，容易受左派論點的影響。左派的人認為曼德拉太願意妥協，而且太相信政府；曼德拉則認為何羅米薩容易受不良影響左右。

我們在川斯凱地區的時候，曼德拉總是要何羅米薩陪在他身邊。「班圖在哪裡？」「將軍在哪裡？」他會這樣問。何羅米薩一到曼德拉家的客廳，他就拍拍旁邊的椅子，對何羅米薩說：「噢，將軍，來坐在我旁邊。」他會和何羅米薩拉著手。拉手是非洲男人的傳統習慣，但曼德拉並不常和人拉手。他公開把何羅米薩當兒子對待——而且比自己的兒子還親近，他對兒子的態度其實相當拘謹。

曼德拉私底下告訴我，何羅米薩的舉動難以預料，需要有人盯著他。這就是曼德拉在做的事。他在川斯凱地區要做任何事，都一定邀何羅米薩同行。何羅米薩也很開心。曼德拉的想法是讓何羅米薩覺得自己很重要也不可或缺，藉此來籠絡他。每當曼德拉拉著何羅米薩的手或攬著他的肩膀，何羅米薩確實充滿喜悅和驕傲。何羅米薩常問我：「老傢伙看起來很高興嗎？」要是我回答「是的」，他就會眉開眼笑。我們要討人歡心，做法不是幫人忙，而是請人幫忙，這是一樣的道理。曼德拉顯得需要倚靠何羅米薩，藉此來拉攏他，何羅米薩因此對「老傢伙」比較忠心。

曼德拉對待哈尼的手法幾乎如出一轍，理由也相同。哈尼被刺殺前，是南非最得民心的年輕領袖之一，他的魅力就在於狂熱又好戰。數以百萬計的黑人想要復仇而不想和解，不能也不想依循曼德拉忘記過去的主張。曼德拉要求他們甘受屈辱，展性耐性和寬容，這對任何人都不是容易做到的事，更別提那些好幾代以來被剝奪公民權和備受壓迫的百萬人民。

曼德拉在哈尼身上看到自己年輕時那種憤怒和不耐，也小心翼翼地對待他。他非但沒有疏遠哈尼，反而和他保持密切關係。只要我們在約翰尼斯堡，曼德拉就會要助理邀請哈尼一同參與會議和出訪，公開的儀式場合更是不會遺漏他。他會和哈尼拉著手並坐，就和對待何羅米薩的方式一樣。一方面是密切注視他，另一方面則是精明的政治演出，一如年華漸逝的好萊塢大牌演員為了讓自己顯得還沒過氣，而且跟得上時代，刻意和年輕新星一同擔綱演出。

我記得有一次，曼德拉在約翰尼斯堡近郊發表演說時，我和哈尼坐在一起。曼德拉說了一個小故事，提到自己向南非「頂尖企業家」為非洲民族議會募款的事，他似乎為能夠搭上這些人物而感到自豪。他告訴聽眾，他「不想空手離開他們的辦公室」，而且「我也從沒失望過」。這是當時他常說的小故事，以為能夠彰顯白人企業家幫助黑人抗爭，聽眾卻覺得他在強迫那些企業家，手法近似政治勒索。

我把身子往哈尼靠去，跟他說我覺得這個故事的效果不佳。他表示同意，顯然也有同樣的想法。「也許你應該跟他提一下，」我說。他露出微笑，直視著我說道：「你怎麼不去？」哈尼不願意對曼德拉說任何洩氣的話，像個過度敬畏父親的兒子不想當面質疑父親。不過，這就是讓曼德拉擔心的事，相較於隱藏情感的人，他和會當面質疑他的人在一起比較自在。

哈尼和何羅米薩的共通點，並非他們不忠誠，而是「不成熟」，會憑「熱血」而非理智做決定。曼德拉認為不成熟是不安全感的徵兆，他覺得他們缺乏自信。這種人難以預料，危險而不可信賴。在曼德拉看來，不忠誠和不可預料不可混為一談，兩者並不相同，但有些重疊之處，情緒化的人比較容易背叛，或做出錯誤的決定。別人的不安全感沒辦法解決，只能想辦法提防。

*

只有兩個人，我聽曼德拉批評起來的時候顯得憤怒和不滿，就是戴克拉克和祖魯族領袖布特萊齊（Mangosuthu Buthelezi）。戴克拉克是可能成為盟友的敵人，布特萊齊則是可能變成敵人的表面盟友。布特萊齊是曼德拉在南非領導地位上的主要對手，曼德拉認為他會不惜引發內戰以達成個人目的。

曼德拉力圖發現別人優點的決心，沒有用在布特萊齊身上。我從沒聽他推崇過這位祖魯族領袖，他覺得布特萊齊善變又不可靠。他報怨布特萊齊會坦白和他協商，握手做約定，然後卻出爾反爾。曼德拉認為布特萊齊結合了自我膨脹和深刻的不安全感，這種危險的性格組合意味著不值得信任。

在一九九一年一次多黨派會議上，曼德拉瞥見布特萊齊和年輕的祖魯族國王在房間的另一頭。他直接穿過房間，準備和國王握手，但在布特萊齊堅持下，國王不願意和他握手。「國王一定有一點後悔，所以事後派了一名使者前來，說明國王不和平民握手。可是，後來我卻看見國王和戴克拉克握手。我猜想他不握手的，只有黑人平民，」他帶著笑容說給我聽。

既然曼德拉顯然不喜歡布特萊齊，卻邀他當自己的首任內政部長，實在令人訝異。不過，他這麼解釋，正是因為這個祖魯族領袖非常危險，所以他需要「密切注意他」。還有什麼地方比自己的內閣更能就近監視呢？曼德拉儘管並非時時都是演技精湛的演員，但在宣布布特萊齊任命的記者會上，他表現得彷彿這個祖魯族領袖是位真正的政治家。

曼德拉曉得，在預防對手攻擊上，沒有絕對安全的方法。可是，他相信藉由將對手納入麾下，對手起碼不會貿然背叛他。因此，至少背叛發生之前，他比較可能事先察覺。

第十堂課　懂得適時拒絕

曼德拉不是「不確定先生」。他也許會保持沈默，含糊其辭，有時也會延遲推託，試圖迴避。不過到最後，他一定不會只為了順對方的意思，說出對方想聽的話。

即便曼德拉取悅人的本能不可思議，即便他非常不願意讓人失望，他也非常善於拒絕人。有時候他會說：「讓我想想看。」但他確知答案是「不」的時候，他會直說。這種功夫其實不容易，我們往往忘記直接說「不」就已足夠。

他並不喜歡拒絕人，而且旁人看得出來他掙扎著用客氣的方式拒絕。不過，他明白當下不拒絕的代價，是往後要拒絕會更困難。要拒絕不如趁早，他拒絕的時候也不會找藉口包裝或推托，而是力求清楚明確。他不會給人虛假的希望，不會留給對方一線希望。

曼德拉和席蘇魯留有一張在羅本島合影的著名照片，當時曼德拉沒看著席蘇魯，而是看著地上，而且用一根手指做手勢。這就是他拒絕的方式——他會避開視線，先做解釋，然後直視對方的眼睛表明，「抱歉，答案是沒有可能。」

在他的政治生涯中，他做過許多次明確而堅定的拒絕。年輕時，他拒絕讓共產主義者加入非洲民族議會青年團，他也拒絕在利沃尼亞審判上隱藏自己的革命行動。當他認為戴克拉克想要維護白人在政府的主導地位，他斷然拒絕總統。在這些例子中，拒絕代表了他堅持的首要原則，其他的事幾乎都可以接受，或是可以協商。而他也知道，他總是有改變主意的可能。

曼德拉常常拒絕我。我請求他讓我參加某個會議、出訪的行程或是陪他參加某個餐會時，他拒絕過我好多次。我都是直接問他，有時候他會說：「好，一起來吧。」他不會含糊不清表示拒絕，他絕不會說「我稍後再給你答覆」，或是「我需要和某某人談過才能決定」。他會立刻給我明確的答案：「理查，這不是好主意。」或是「很抱歉，沒有可能」。他也不會用虛假的同情和託辭來表達拒絕。他不會說：「嗯，要不是因為某某原因，就可以了。」或是，「在正常的情況，我會要你這麼做，但是……」找藉口只會給對方有爭辯的依據，他從長久的經驗得知，相較於模糊的拒絕，人們比較能忍受堅定的拒絕。

同時，若非絕對必要，他也不會拒絕人。他拒絕人都是經過策略性考量，何必在不必要拒絕的時候，平白浪費一個拒絕？何必在不必率直的時候這麼率直？有一回他從瑞士蒙特勒城一遊山景回來之後，告訴我此行收穫豐富。我問他喜不喜歡山，他頓了一下。

「沒有不喜歡，」他說。

這是典型的曼德拉式回答。說不喜歡山沒什麼好處，何必說不喜歡？有些選民喜歡山，何必不必要地疏離他們？這就是他不支持特定球隊的原因，因為這麼一來，只會疏遠支持另一隊的球迷。要是一件事沒有恰當的答案，而且沒有回答的必要，他就不會回答。

大體說來，他在不必拒絕時，會覺得鬆了口氣。我們的回憶錄訪談工作到了尾聲時，正值他面臨非洲民族議會同志很大的壓力，要帶領競選事務，而且每天要和政府進行談判，需要全心應付。他表示我們需要加快腳步，到最後我們一天安排兩次訪談，清早一次，下午又一次。

有一天，我告訴他我們需要好好談一談。我看得出這話讓他有所警戒，表情變得嚴肅。在他豪頓區住宅的客廳中，我們面對面坐在兩張一模一樣的高背沙發椅裡。我開口時，他掛上一副談判表情：莊重又不帶表情，令人無法解讀。我告訴他，我們有如兩個就要登頂的登山客。山頂看來還有一段距離，但若是我們回頭看，就會發現自己一路攀登了好長的距離，已經非常接近目的地了。他毫無表情地點點頭。然後我說：「我的建議是這樣的：我們再做十個小時的訪談，最後五個小時談你出獄後的生活。」

我說完後，他深深吸了口氣，思考了一下，然後只說：「好的，就這樣。」他顯得鬆了口氣，而我也是。

一個星期後，我想再多爭取幾個小時時，他對我搖搖指頭，拒絕了。

終其一生，曼德拉必須決定採取行動的時機、該不該採取行動、何時該往前進展，何時又該拋棄立場。他坐牢多年，在獄中影響事務的力量有限，曉得許多情況會自然而然解決。有時延遲做決定反而有利情況——要是判定是這種情況，就不用太擔心。要是你是怕難堪而遲遲不願或逃避拒絕，最好立刻明確地拒絕。長遠說來，這麼做可防止發生大麻煩。

第十一堂課　做長遠的思考

二十七年的牢獄生涯可以教人許多事，其中一件就是做長遠的思考。年輕時，曼德拉缺乏耐性，總急於想改變過去。監獄讓他學會放慢腳步，讓他深切體會急躁往往會導致失誤和判斷錯誤。最重要的是，他學會把滿足感放到後面——這也是他一生的寫照。

我們大多數人習慣立刻得到滿足，因為我們的文化獎勵速度，把急性子當美德。我們誤把立即滿足當自我表現。我們想要即刻抓住機會，不需停頓思考，就馬上回覆推特留言或手機簡訊。曼德拉會說，我們不應該讓急迫的假象迫使自己做出不成熟的決定。沒錯，有時候要是沒有立刻做出改變，可能會喪失機會。可是有許多時候，要是慢點回應，做長遠的思考，可能談成更好的交易，或是把事情做得更好。相較於只是為了顯得果斷而迅速行動，緩慢而深思熟慮反而略勝一籌。

以曼德拉而言，他明白歷史並非一夜造成的，沒有人能隻手回天。種族歧視和政治壓迫已經有數千年的歷史，殖民主義已經經歷好幾個世紀的發展，種族隔離制度已經訂定數十年，不可能在幾個月內就剷除，就連幾年內也不可能。入獄時候的他，迫不及待要讓想像的未來成真。在他看來，領導非洲民族議會的老前輩行事太慢，不明白情況很急迫，他們有許多事要保護——太安於現狀。在獄中，他也成了那些老前輩，但他體會到謹慎並不等同不激進、不大膽。重要的是，並非做決定的速度，而是決定的方向。快速不會讓人勇敢。事實上，做長遠的思考需要願意改變長久以來珍視和堅持的理念。

曼德拉在羅本島上時，年輕的獄友往往覺得他行動不夠快，挑戰權威的態度不夠激烈。曼德拉要他們不要強行做出決定，或是對他們提出長遠的政策時，他們就會問：「那現在呢？」

「聽著，這個辦法可能有幾天、幾星期、幾個月和幾年是對的，」他會這麼說：「可是，長遠說來，做長遠的思考最終會產生更有價值的結果。」

長遠說來是他的口頭禪。這就是他思考的方式，他頭腦運作得最好的距離。曼德拉反應不快也不靈敏，他喜歡醞釀想法。要是說每個人天生有自己適合的距離——短跑、中距離，或是長距離，曼德拉就是長跑選手，是「長距離的思考者」。坐牢就是一場馬拉松賽跑。

每當我們討論一個議題或問題，他有時會說：「長遠說來，情況會好轉。」沒錯，他是個樂天派，卻又非常務實和謹慎。他不會多愁善感，也不會明知無用卻妄想。在那些幽暗歲月中，他不曾相信過奇蹟，他認為要是真有奇蹟，也是人造成的。幫助人心想事成的，是努力工作和嚴守紀律。指望交上好運或神蹟顯現，是靠不住的。

一旦當上總統，他曉得自己的首要目標是創造一個新國家。這並不表示他不處理立即迫切的問題，他瞭解要是不設法解決當前的問題，就沒機會處理長期的問題。但他主要把注意力放在較為長遠的目標上，而且致力於讓短期和長期目標方向一致。他常提醒人要「通盤考量」，自己幾乎也都確實做到。事實上，以前常讓他煩惱的事，就是那些有如長期目標路上減速路拱的短期問題。那些短期問題往往是由短視的思考者造成的，這些人受當下的新聞熱潮左右。曼德拉的眼界則是落在長遠的未來。

曼德拉出獄後，立即注意到科技的長足進展。他入獄時，南非還沒有電視，更別提二十四小時重複播報的有線新聞網。在出獄後的第一場記者會上，他一見攝影記者紛紛把毛茸茸的長桿麥克風往前伸時，連忙閃躲，以為那些是武器。當他發現可以在飛機上打電話時，驚奇又開心。可是，這些改變讓生活步調大幅加快，這並非他想要的步調。他認為隨時對新聞報導的最新發展做出反應，沒有必要也不值得，這種即時反應往往也引發問題。他知道匆促行事造成的短期弊病可能會帶來長期的後續效應。

曼德拉是從歷史的角度思考。歷史按定義，就是長期之事。他曉得人必須努力影響歷史，但個人能造成的改變非常有限。要是請曼德拉回答那個古老的哲學難題，「時勢造英雄，還是英雄造時勢？」他會說時勢造英雄，不凡的時勢成就偉大的領導者。沒錯，此人必須有適切的天賦和才能，但英雄要靠時勢造就——有時機，個人才有機會挺身回應時勢的挑戰。曼德拉會說自己抓住時機，挺身而出，自己並未「創造」時機。

「他是有歷史觀的人。」西里爾．拉馬弗薩（Cyril Ramaphosa）這麼說，他是曼德拉出獄後最親近的政治領袖和民權運動者。「他的眼光比我們長遠。他想到後世子孫，考慮到他們會怎麼看待我們的作為。歷史也沒讓他擔罪，事情果然像他預料的那樣發展。」

曼德拉認為要評斷一個領袖，必須以他的一生和整體作為做基礎。他給人評價時，看的不是這個人對特定情況的反應，而是看此人一生的經歷和生涯。他常常這麼談到在獄中表現不佳的政治領袖。「是啊，我知道有很多人，很有地位的領袖，在獄中讓人大為失望。你必須抗爭、奮鬥，主張在特定議題上展現立場。他們卻不同意，會說：『尼爾森，他們會殺了你。』」儘管他對這些人感到失望，卻不認為這是他們的重大缺點，因為評判人要以他們的一生為考量。有些人在監獄外非常英勇，在監獄裡卻很怯懦；有些人則恰好相反。對於這些在獄中表現不如期望的人，他說：「儘管顯現出弱點，他們依舊是正直、誠實的人，」這就是曼德拉寬大為懷和眼光長遠的明證。一個人不會因為做了幾件好事，就稱得上高尚；也不會因為做了幾件見利忘義的事，就毫無氣節可言。以他自己而言，他知道自己做的好事勝過壞事，這是最終最重要的事。可是，他也做過自己日後懊悔的決定，每個人都是自己一生所為的總和。

我問過曼德拉快不快樂的問題，他一聽就皺眉，這是那種他認為膚淺又侵犯隱私——這可是不大好的組合——的問題。不過，他後來還是回答了起來。他談到父親太早去世，而且生前已意志消沉；談到母親去世時他在坐牢，母親以為他可能是個罪犯，他最大的遺憾之一是沒有協助母親瞭解抗爭運動。他約略提到幾個女兒面臨的挑戰，然後他提到自己在獄中讀過也很喜歡的幾位古希臘作家，他們也都從長遠著想。他記得讀到克里薩斯（Croesus）的故事，但想不起那位作家的名字，這位呂底亞的鉅富國王問一位智者，自己算不算得上是幸福的人。智者回答：「是否有福，蓋棺才能定論。」他同意這句話，這也是他行事審慎小心的原因之一。事事都有可能在最後關頭發生變化，我們必須堅持到底，防範不幸發生。

曼德拉其實很知足。他曾遭遇悲慘的不幸，但他曉得自己的目標——知道自己始終忠於那個目標，歷史也會給他寬大的評判。他可以算是幸福的人。

第十二堂課　愛大有關係

談到感情的事，曼德拉是個浪漫胚子，卻也很務實。他必須如此。在他大半生，愛是遙遠的事，只存在想像和記憶中。而在愛成為現實的時候，卻往往帶來痛苦而非安慰。可是他從不氣餒，認為自己的生命中一定會有愛。

由於南非種族隔離時期的情勢使然，他無法同時擁有公共生活和私人生活。他的公共生活讓他入獄二十七年，在獄中既無私人生活，也無慰藉。種族隔離制度的邪惡本質之一，就是迫使南非黑人無法工作和家庭兼得。曼德拉就是這樣一位受害者——原因並非他和其他許多人一樣，必須在城市工作，家人則留在部族故鄉，而是他無法為自由抗爭，同時過自由的生活。

早在他入獄前，他就被迫疏離妻子和孩子。如果你是逃避追緝的自由鬥士，政府會把你的家人當目標，騷擾家人是傷害你最有效的方式。於是，他遠離妻子和家人，無助地看著他們被糾纏、受折磨，他們的痛苦讓他質疑原本應該是精神支持的情感聯繫，好像家庭反而讓他更脆弱，而不是更堅強。他沒有什麼機會可以扮演傳統的父親角色。有一次，他的大兒子問他為什麼從來不能在家裡過夜，他的回答是有數百萬南非兒童也需要他。對自己的兒子說這樣的話是很令人難過的事，而這種犧牲也是他一生最大的痛苦。

在他的獄中歲月，他將愛寄託在其他地方：在信件、回憶，以及想像的未來中。艾迪．丹尼爾斯曾和曼德拉一起在羅本島服刑，他有一回告訴我，在獄中沒有人可安慰你。他的意思是，囚犯本來就不善表露感情，島上也沒有女人。我研究羅本島的相關資料時，曾讀到獄中發生過幾起性侵犯的事件。有鑒於此，我向曼德拉詢問性在獄中扮演的角色。他的回答很簡短：「我們在獄中沒有性表達的管道。」討論到此結束。

然而，即便現實付之闕如，曼德拉依舊對足以滋養他的愛情與家庭生活，懷有夢想。縱貫漫漫牢獄歲月，他始終抱有那個夢想，當他出獄後，夢想卻變成幻影。儘管如此，他並未拋棄這個夢想。最後在他幾乎要放棄希望的時候，他終於獲得回報。不過，他卻要等上好多好多年。

*

最早讓曼德拉逃離鄉間的舒適環境，前往大城市生活的原因，並非對不公義的痛恨，而是對浪漫愛情的想望。就在瓊金塔巴酋長決定為兒子賈思提斯和曼德拉安排婚姻時，這兩個年輕人密謀了逃往約翰尼斯堡的計畫。原因並非酋長選定的年輕女子不漂亮，而是他們堅信自己有選擇結婚對象的權利。反諷的是，酋長讓曼德拉受教育，卻讓他學會反對部族的婚姻和家庭傳統。在希爾德敦衛理公會（Healdtown Methodist）寄宿學校和福特哈爾大學，他讀過珍．奧斯汀的小說和莎士比亞的十四行詩，也開始接受相較於兒時所見的社會，較為浪漫的西方式愛情觀點。他的父親娶了四個妻子，輪流和每個妻子生活。曼德拉要的是愛情，而非女僕。

就在約翰尼斯堡，他第一次動了感情。當他寄宿在亞歷山大黑人區（Alexandra Township）的一個家庭時，迷戀上了主人的女兒。她的名字是「荻荻」。「她長得非常漂亮。」曼德拉告訴我。荻荻是個女傭——這是都市年輕黑人女子少數可做的工作之一——有個有錢的男友，身穿雙排扣西裝，頭戴義大利博薩里諾牌軟呢帽，而且開時髦的車子。曼德拉愛上了荻荻，但實在沒有自信，所以不敢告訴她。畢竟，他不是什麼金龜婿。他住在他們家小屋後的棚屋，他的英語很破，只有一套西裝，也沒什麼錢。

有一回，這家人邀曼德拉和他們一起吃飯，他們夾了一塊雞肉放在他盤子裡。他是剛從鄉下來的年輕人，還不習慣用刀叉，他不想用手拿來吃，也不想拿著刀叉彆扭掙扎，暴露自己土里土氣，於是就不吃那塊雞肉。傲氣戰勝飢餓。他對荻荻也是一樣。他說他不想被人拒絕，所以沒向荻荻求婚。

曼德拉還是法律系的窮學生時，席蘇魯把他介紹給自己的表妹，來自川斯凱地區的伊芙琳・梅絲（Evelyn Mase），她是個謙遜文靜的年輕女子。曼德拉和伊芙琳很快就結了婚，一連生了四個孩子（其中一個九個月大就早夭），他們住在索韋托區（Soweto）一個小房子。他忙於工作、讀書和剛起步的政治事業，常常無暇扮演父親和丈夫的角色。後來他愈來愈投入自由抗爭運動，就和伊芙琳疏遠了。正當他逐漸吸引黑人民眾認同他的奮鬥目標之時，卻說服不了妻子。伊芙琳不喜歡談政治，她退隱到另一個世界，成為耶和華見證人會（Jehovah's Witness）的信徒，成天埋首聖經。他們不久就分居了。

到了一九五六年叛國大審判開始時，曼德拉已是事業有成、交遊廣闊的律師。他是光鮮的自由鬥士，成了自己以往羨慕的人：身穿雙排扣細直條紋西裝，開著大型美國車，而且喜歡上館子吃飯。在那段日子，他是個花花公子，他自己也不否認。我給曼德拉看那個時期留下的一張照片，相片中的他一身時髦西裝，手上拿著一根香菸，我問他以前是不是會抽菸。

「才不會，」他帶著後悔的笑容說道：「我只是鬧著玩。」

＊

有一天清早，我們在曼德拉的川斯凱家附近的山丘散步時，他轉頭問我結婚了沒有。他很少問私人問題，所以這事很不尋常。

我跟他說沒有。

「噢，」他說。

我表示自己最近認識一位南非的女攝影師瑪麗，頗為傾心。然後我們兩人有好一會兒沒說話。

然後我問他：「你認識一個人多久之後，才會打算結婚？」

「一天，」他笑著說。「一天可能就夠了。」

我一定是一臉困惑，所以他解釋了起來。「你可能第一眼就愛上一個女人，」他說。「但愛情可能要一年以上才會實現。」他接著為不同的吸引力下定義。「你可能見到一個女人辯才無礙，對她的聰明才智很佩服，但沒有對她動感情。你也可能見到一個女人，就對她產生很膚淺的興趣。」他指的是肉體上的吸引力。

「沒有一定的規則，」他說：「但愛是最重要的事。」

一天可能就夠了。曼德拉愛上第二任妻子，似乎一天就確定了。他說，第一次見到溫妮是開車在路上，看見當時是護士的溫妮在公車站牌等公車，準備去醫院上班。當時是一九五七年。他覺得溫妮很美，無法將她的影像從自己的腦海抹去。幾天後，溫妮出現在他的辦公室，詢問一個法律案子。他覺得真是奇蹟，像是冥冥中機緣湊巧。

當時的尼爾森．曼德拉和溫妮．馬迪奇澤拉（Winnie Maikizela），和我們後來熟知的兩人大不相同。溫妮是文靜、端莊又單純的二十二歲女子，剛從鄉下來到都市。曼德拉比溫妮大了十六歲，是一個有三個孩子的離婚父親，是成功的律師，也是受人尊敬的自由鬥士。曼德拉對溫妮的青睞，讓她有些畏怯和不知所措，兩人在一起時，溫妮的話都不多。曼德拉請她吃午飯（她從沒吃過印度菜，連連喝水要去除嘴裡的辛辣味），開車帶她兜風，也和她一起到鄉下踏青。

從某一方面來說，這是西式的追求法，但求婚則非常傳統。有一天，曼德拉突然告訴溫妮結婚禮服會是什麼模樣，他已經和裁縫師商量過了。曼德拉承認自己從未正式向溫妮求婚，溫妮也常常開玩笑說自己沒機會答應求婚。

兩人趁著在一九五八年叛國大審判的六天休庭期舉行婚禮，溫妮的父親致詞時，提到女兒要嫁給一個「牢鳥」——一個已經和抗爭運動「結婚」的男人。這是幽默的諷刺，在溫妮中產階級的家人看來，曼德拉的事業太冒險，不是理想的女婿。曼德拉和溫妮確實也不曾享有傳統的婚姻。婚禮後不久，曼德拉就轉入地下活動。此後，他們偶爾的會面就像是情人幽會，必須事先安排，絕對保密。

溫妮父母的憂慮成真，溫妮的婚姻果然讓她有了完全不同的人生。曼德拉記得自己在追求溫妮時，不但是在談情說愛，也是在給溫妮政治洗禮。曼德拉尚未入獄前，溫妮就已經成為政治運動者，而曼德拉在獄中時，溫妮則成了「國母」，成了為入獄的丈夫大力奔走的象徵人物。

說來奇怪，曼德拉對溫妮的愛戀和依賴，在獄中變得更為深切。他與溫妮——以及外界——的分離，把溫妮提升到理想的地位。想到兩人將再共續夫妻緣，他又戀愛了。這是讓他堅持下去的動力之一——他們終將重逢，他要做一個以前沒機會做到的好丈夫。他的囚室裡擺著一張溫妮的照片，他曾在信中這麼寫道：「就在我寫這封簡信的時候，妳美麗的照片就在離我左肩六十公分遠的地方。每天早上我都細心為照片拂去塵埃，我從中得到的愉悅就像以前我愛撫妳的感覺。我甚至用我的鼻子去觸碰妳的鼻子，重新體驗以前每回我倆鼻子相觸時，那種電流在血液中流過的感覺。」

他在溫妮探監的好幾個月前，就充滿期盼。要是溫妮不能來，或是獄方取消探視的時候，他會非常沮喪。他在信中對溫妮表達的情感比兩人相處時還要豐富，儘管獄方會閱讀這些信件，甚至在審查時刪剪內容。一九七〇年八月時的處境尤其艱辛，溫妮當時也在獄中，曼德拉不曉得誰會照顧他們的女兒，他滿心痛苦，也在信中把這種心情透露給溫妮知道：

我們過去十五個月從悲痛挫敗所得的那些痛苦，難以輕易從我腦海抹去。我感覺自己彷佛從肉體到靈魂，每一部分全都浸泡在膽汁中，如此苦不堪言，我無能為力幫妳度過……妳正在經歷的煎熬……要是我們能見面；要是我能在妳身旁緊擁妳；要是我能透過將我們強行分隔的厚密鐵絲網，看看妳的模樣，就好了。相較於柔軟的情感牽繫受到踐踏，肉體的痛苦根本不算什麼。

曼德拉唯一會被激怒發脾氣，是妻子受到侮辱的時候。獄監瞭解這一點，有幾次故意把關於溫妮入獄、和其他男人發生緋聞的新聞剪報放在他床上。獄方知道溫妮和家人是曼德拉的致命弱點。他對我提起，有一次一個獄監對溫妮出言不遜，他差點就出手攻擊獄監。「有個典獄長……他說了溫妮的壞話，當然，我非常生氣，發了脾氣，對他說了一些不該說的話，他們因此指控我……我幾乎要出手痛揍他。事實上，就在我要動手的時候，我克制住自己，藉由咒罵他來發洩怒火。我用了非常激烈的措辭。」

這些審判和挫折大可讓曼德拉對愛冷嘲熱諷，就此習慣缺乏愛的生活。不過，曼德拉對親密關係的夢想非常強烈，他年紀愈大就愈浪漫成性。

然而，曼德拉和溫妮的婚姻並沒有童話故事那般的結局。當他出獄後，兩人無法重續多年前的關係。在外人眼中，溫妮是個堅強忠心的妻子。然而私底下，兩人的關係很緊張。曼德拉的一個助理曾告訴我：「沒有人期待溫妮守貞二十七年，她也是凡人。」

沒有人願意把真相告訴老傢伙。但曼德拉開始詢問友人，在得知溫妮的行為之後，他覺得非常受傷。他的一位密友在當時告訴我：「溫妮讓他丟臉，他又很愛那個女人。溫妮以為曼德拉絕不會離開她，但曼德拉為了組織，別無選擇。」溫妮已經傷害到自由抗爭運動和兩人的婚姻。曼德拉可以忍受其中一項，但無法同時忍受兩者。

我開始對曼德拉進行訪問時，他就已經和溫妮分居。溫妮是個敏感的話題，我發現曼德拉談過去的溫妮時最自在——談現在的溫妮則局促不安。在某個一月天中，曼德拉談到獄中的日子，他熱切地談到溫妮。他說，溫妮的處境比他還糟。她受到當局的騷擾和監禁，同時還必須照顧孩子，曼德拉卻不用照顧小孩。他說，比起監獄內，監獄外的壓力可能更大。溫妮在獄中曾被單獨禁閉一年多，他卻只有幾個晚上有這種經歷。

有個星期天，在約翰尼斯堡市郊豪頓區的房子，我們在灑著陽光的客廳進行訪談。曼德拉坐在沙發椅上，我們即將開始時，他把穿著襪子的腳擡上擱腳凳。就在這時，他的管家蜜莉恩拿著星期天的報紙走進來，曼德拉的眼睛一亮。曼德拉喜歡報紙。在羅本島那麼多年，都沒有報紙可讀，因此直到今天，報紙對他來說，依舊是稀奇的寶貴禮物。他問我介不介意讓他先瀏覽一下報紙。幾分鐘後，他輕聲笑著。有個標題寫著「溫妮問鼎總統」，另外有篇文章報導在反種族隔離運動者海倫．約瑟夫（Helen Joseph）喪禮上，溫妮說的一些話，她批評非洲民族議會，因此也暗示曼德拉和政府太友好。

我問曼德拉，溫妮的話是否讓他感到意外。

「我從一九五八年就和溫妮同志在一起，」他說，語氣中同時帶著柔情和惱怒。「她做的事沒有一件讓我意外，當局給她什麼她都照單全收。」他頓了一下，又說：「但像這樣發表很可能在關鍵時刻分裂組織的話，就令人不樂見了，不論她心裡有多少怨恨。」

這兩段話顯示，曼德拉對溫妮的感覺還是很複雜，而且帶著些許失望。他既留戀過去，也對現在實事求是。有很長一段時間，他們之間存在著緊張的休戰關係，互動拘謹僵硬。不過近年來，兩人重溫友好的情誼。

*

過去幾個月裡，曼德拉認識了我的朋友瑪麗，原來他們在他被釋放出獄那天見過。瑪麗當時為法國新聞機構法新社工作，曼德拉記得他出獄那天，有個優雅的紅髮攝影師對著他拍照。起初，每當我和曼德拉出行回來，瑪麗來接我的時候，曼德拉會開她玩笑說：「妳不能把理查從我們身邊帶走。」不過，幾個月後，他對我說：「你一定要和她結婚。」瑪麗後來告訴我，曼德拉曾私下拉著她的手對她說：「妳一定要和理查結婚，我會祝福妳的。」這當然不是命令，但他就像是我們兩人關係的教父。我們因為他才會相遇，也覺得他特別瞭解我們的關係。在某種程度上，我覺得他說出了我有感覺卻尚未能表達的事。後來，我發現瑪麗也有同樣的感覺，覺得很開心。曼德拉不像我們當時那樣有所保留和猶豫。或許因為他覺得自己失去了許多歲月和幸福，因此不希望我們錯過。

曼德拉顯然喜歡和女人作伴。相較於男人，他和女人在一起時，心情比較輕鬆而無防範，也比較快樂、沒有憂慮。我見過他和瑪麗相處時就是這樣，瑪麗和我們在一起時，他會比較坦白，比較願意顯現自己脆弱的一面。他也會調情，但屬於獻殷勤、老派、祖父式的調情法。

一九九三至九四年間，一個年輕的日本針灸師近子（Chikako）常陪在曼德拉身邊。曼德拉有一次出訪日本，剛好雙腿有些不舒服，因而認識了近子。當時他的雙腿浮腫，於是貼身助理芭芭拉·梅斯凱拉（Babara Masekela）建議他做針灸。

「你要知道，我很不願意做這種治療，」他說。「芭芭拉很堅持。他們跟我解釋，這是經過科學驗證的傳統療法。然後我得知治療師是一個女人，年輕的女人。在我的經驗裡，醫生都是男性，年老的男醫生。你曉得的，我不喜歡年輕女人來我的飯店房間，後來芭芭拉說她會留在房間，我才答應。」

他一見到近子，所有的疑慮就一掃而空。近子個子嬌小，笑容靦腆而且舉止溫和。她是學有專精的傳統針灸師，後來又到南非幫曼德拉治療了幾個月。近子稱曼德拉為「塔塔」（Tata，意指「父親」的科薩語），全心全意地對待他，也伴隨他到川斯凱地區和到國外出訪。曼德拉把近子當孫女對待。

曼德拉喜歡開近子玩笑。有一天，我們三個人在川斯凱地區散步，近子問曼德拉的膝蓋有沒有問題，曼德拉笑著說沒有。「妳在我身邊的時候，」他說，「我就毫無疼痛。只有妳不在的時候，我才會感到疼痛。」近子低著頭微笑。

曼德拉對別人的寂寞素來有第六感。他發現近子沒有和他在一起的時候，往往獨自一人，可能很想家。一九九三年的除夕，我們三人住在德班市（Durban）的一間飯店。我們去了一家很俗氣的迪斯可舞廳，樂團演奏著七〇和八〇年代的流行樂——那些歌我們都聽過數百遍了，只有曼德拉是第一次聽到。他注意到近子跟著音樂節拍點著頭，然後我們視線交會，他像父親對兒子那般用眼神示意，請你的小妹跳舞。我照他的意思做了，當我們回座時，他對我說：「做得很好。」

還有一天早上，曼德拉和我正在他的餐廳吃早飯時，近子走過餐廳。他喊著：「來吧，來這邊坐，老弟。」（不論男女，他都叫「老弟」。）他拍拍身旁的椅子，說道：「近子是唯一愛我的人。」我說有數百萬人愛他。他笑著說：

「沒錯，可是只有近子從近距離愛我，那些人從遠距離愛我。」近子跟著他一起笑了，這是真情流露的一刻。曼德拉的確抽象地感到愛，但他只與少數幾人有密切的關係，那些應該和他親近的人——溫妮和他的一些孩子——都在遠地或疏遠了。他感到寂寞，再度成了另一種囚犯——受到盛名和權力所孤立。

那時曼德拉正在追求一個要來幫助他彌補失落歲月的女人。格拉薩・馬謝爾（Graça Machel）是莫三比克獨立革命領袖薩莫拉・馬謝爾（Samora Machel）的遺孀，薩莫拉在一九八六年一次飛機失事中遇難。格拉薩是莫三比克聲譽卓著的政治人物，她為窮人和弱勢族群奔走不遺餘力。格拉薩當時是四十八歲，性格溫暖又沉穩。曼德拉於一九九〇年出獄幾個月後，在訪問莫三比克時，兩人首次相遇，往後就一直保持聯絡。他在一九九二年和溫妮正式分居後，就開始追求格拉薩。儘管兩人墜入情網，但格拉薩不願意結婚。不過，格拉薩會陪曼德拉出訪，曼德拉也會到莫三比克看她。一九九三至九四年間，他們的關係仍舊是個祕密，但他向我透露他對格拉薩的感情。他們兩人講電話時，我常在場，曼德拉會在天冷時，提醒格拉薩在行李中準備毛衣；雨天時則提醒她帶雨傘。

曼德拉在一九九六年和溫妮離婚，並在一九九八年公開和格拉薩的戀情。「我愛上一位不凡的女士，」他在電視上說：「我對自己受過的困頓挫敗，沒有遺憾，由於她給我的愛和支持，我在晚年如意圓滿。」

兩人在一九九八年曼德拉八十大壽當天結婚後，一如格拉薩所言：「曼德拉可以付出很深的感情，但他會盡力維持公共形象。而在私底下，他就容許自己像個平凡人。他喜歡人家知道他很快樂。」

曼德拉綜其一生，在愛情與責任的算數上，責任幾乎總是占了上風。在一位革命家和囚犯的生命中，沒有愛情存在的餘地。然而曼德拉從未放棄愛，即便是它姍姍來遲或無法擁有的時候，也是一樣。要說有什麼差別，他對愛的力量的信念，在獄中的時候甚至變得更為堅強。他有回對我說：「當你愛一個女人的時候，會對她的缺點視而不見，那份愛就是一切。你不會注意到其他人在她身上看出的毛病，你就只是愛她。」

曼德拉就是這樣的人。最後到了八十歲，他在格拉薩．馬謝爾身上找到了愛和幸福。這就是他追尋半世紀的圓滿結局。

第十三堂課　退出也是一種領導

從許多方面來說，曼德拉最了不起的領導風範是放棄領導。

曼德拉成為自由南非第一任民主選舉的總統之後，他要是有心，大可以連任。若是交由口頭表決，他一定可以連任第二次的五年任期。可是一如拉馬弗薩所言，他知道他真正的工作是「設定航線，而非掌舵」。於是在一九九五年四月，在他第一年的任期剛結束時，他表示一九九九年自己就將超過八十歲了，而「八十幾歲的人不應該干涉政治」。別人問道他會不會競選連任時，他回答：「絕對不會。」他也確實沒有，這就是展現他領導者本色的作為。

曼德拉並非第一位成為非洲國家元首的政治犯。事實上，他隸屬二十世紀的一項傳統：肯亞有肯亞塔（Jomo Kenyatta），迦納有恩克魯瑪（Kwame Nkrumah），辛巴威有穆加比（Robert Mugabe）。非洲少有的，是總統在憲法規定或人民所願的任期後，自動退任。大多數的元首若非橫躺著離開辦公室，即是被AK-47突擊步槍指著離開。而和曼德拉同輩的辛巴威總統穆加比，在毀了自己的國家後，至今依舊緊握大權不放。

曼德拉決心證明非洲人不但能治理自己，非洲也是有憲政民主體制的大陸。他在許多方面，都是華盛頓總統的非洲翻版，這位美國開國總統決定做滿兩次任期後，就回歸一介沒有公職的公民。華盛頓放棄終生職（當時有許多人這麼主張）的決定，為美國總統職立下典範。曼德拉明白自己的榜樣將是他人依循的最初足跡。他知道相較於任何一項他實施過的政策，這項表率將會有更持久與更大的影響力。

他卸任後，以為自己可以就此退休，像羅馬領袖辛辛納圖[1]那樣，回自己的農田過清靜的生活。曼德拉並非特別喜歡清靜的生活，他依舊喜歡成為眾人的焦點，但他明白不能在自願離職後，仍讓人民以為他暗地裡還想當總統。你不能離開舞臺後，還一直把頭探出簾幕。退休後的前幾年，他堅決不對繼任者的政策發表評論。他曉得自己已經設定了航程，現在該是由他人掌舵的時候了。

＊

[1] 譯注：辛辛納圖斯（Cincinnatus），西元前五世紀的羅馬軍人和政治家，曾任一次執政官與兩次獨裁官，任務達成後便解甲歸田。

曼德拉懂得，為所有的議題力爭到底並沒有好處，有時候最好的應對之道是退出，有些情況省下自己的力氣反而比較好。在羅本島上，囚犯彼此辯論不斷。他們辯論的題材涵蓋天底下任何事，但有幾個固定的主題：共產黨和非洲民族議會是否是同一個組織，未來的南非民主政府是否應該包括阿非利堪斯人主導的國民黨，而最能引發熱烈爭辯的主題（無疑是最有趣的）是老虎是否是非洲的原生種動物。事實上，非洲沒有老虎，老虎是亞洲的原生種動物。然而，長久以來，許多囚犯深信非洲是老虎的故鄉，為此為自己的主張激烈辯護。有一個囚犯特別熱愛這個主題，有一天曼德拉告訴他，事實是非洲沒有老虎。那名囚犯勃然大怒，曼德拉的反應並非力辯到底，而是退出爭論——「好吧。」他說——然後等待著。他真的耐心等待，幾年後，島上來了一個學過動物學而且遊歷豐富的囚犯。這個新囚犯當然說老虎不是非洲的原生種動物。這下子所有人都滿意了——就連那個對自己觀點很堅持的囚犯也不例外。曼德拉卻沒有因此就洋洋得意。

*

曼德拉向來很固執。每個人都這麼說，從羅本島上最親近的同志到他的妻子格拉薩都異口同聲。他一旦打定主意，其他人就很難改變他的心意。不過，他還是有可能改變主意，尤其是在證據顯示他若不改變，就會帶來負面結果的時候。他會奮力堅持、辯論，試圖說服人認同他的立場，但一旦他看清自己的想法並不實際或不明智，就不再堅持——事情到此結束。

有一天，曼德拉問我有沒有哪個國家的投票年齡低於十八歲。我曉得他問這話的原因。南非就快舉行選舉，而有一半的人口低於十八歲——其中一大部分是年輕的南非黑人，要是他們有投票權，一定會投票給曼德拉所屬的非洲民族議會黨。

我做了一些研究，給了曼德拉一份不大光彩的名單：古巴、尼加拉瓜、北韓、印尼和伊朗。儘管如此，他卻很高興地說道：「好極了，好極了。」這是他給人的最高讚美。兩個星期後，他在南非電視上主張將投票年齡降到十四歲，立刻引起媒體和非洲民族議會黨內一陣譁然。人們認為這是「很愚笨」的想法，很多人用的形容詞甚至還沒這麼厚道。

幾個星期後，我揶揄他，說他的主張沒有獲得普遍好評。他皺起眉頭，把頭後仰，表示他最後會成功的。到最後，反對的勢力占了上風。「他想要我們買帳，」拉馬弗薩回憶起來這麼說道，當時他是國家執行委員會的一員。「但他是唯一的支持者。他必須面對這個主張無法得勝的現實。他非常謙虛地接受事實，沒有生悶氣。」

曼德拉一旦改變主意，別人根本看不出來他原先有不同的想法。他會轉換立場，以新信徒的熱誠擁抱新觀點。他甚至會拿自己以往持相反的意見開玩笑。過了幾年，每當有人提起十四歲投票年齡的議題，他就會對著我眨眼睛。他瞭解，放棄也可以是一種勝利——投降意味著你加入勝利的一方。然後，你也可以宣告勝利。

第十四堂課　事情並非非黑即白

曼德拉對矛盾感到自在，就連自己的矛盾也不例外。我和他在一起時，有時候我會想到惠特曼❶的〈自我之歌〉（Song of Myself）：

我這是自相矛盾嗎？
那好，我就是自相矛盾，
（我很巨大，而且涵蓋眾多。）

曼德拉很巨大，他的確涵蓋眾多，而且也往往自相矛盾。他明白為了一致而一致是假美德，不一致不見得是缺陷。他曉得人類是複雜的動物，人們有無數的動機。

訪談過程中，我問過曼德拉：你採取武力抗爭是因為覺得非暴力手段絕對無

❶ 譯注：惠特曼（Walt Whitman，1819-1892），開創新詩體的美國詩人，最有名的作品為《草葉集》，〈自我之歌〉即出自此書。

法推翻種族隔離制度，還是因為那是防止非洲民族議會分裂的唯一方法？當時我們共事了約一個月，還在適應彼此。在訪談初期的幾個星期，曼德拉顯得一板一眼，對於我提出的難纏問題，他彷彿是在記者會上回答問題，提出僵硬又可預見的回答。隨著我們彼此相處比較自在後，他會利用我的問題當作起點來說故事或提出更廣闊的觀點。我問這個問題時，我們的關係正介於陌生和熟悉之間。他通常會思考一個問題一會兒，等到開始回答時，視線會飄向遠方。這一回他卻直視著我，眼神既困惑又惱怒。

然後他問，「理查，為什麼不是兩者皆是？」

為什麼不是兩者皆是。我常常提出二元式問題：事情是這樣或那樣？原因是A或B？是或否？我瞭解到這種問題讓曼德拉感到很挫折，因為他認為答案幾乎總是兩者皆是，從來不是簡單的是或否。他瞭解任何行動背後的理由鮮少清楚明確，困難的問題大多沒有簡單的答案。所有的解釋可能都對。每個問題都有許多原因，而非只有一個。這就是曼德拉看世界的方式。

曼德拉跟我說過一則科薩族的寓言故事，述說有個年輕人離開小村出外找妻子。他花費數年時間周遊世界尋找完美的女人，卻一無所獲。最後他回到村子，還是光棍一個。他一走進村子，見到一個女子，就說：「啊，我找到妻子了。」

曼德拉說，原來這個女子一直都住在他家隔壁。我問他：「這個故事的啟示是你不需要四處奔波苦苦尋求，你要找的東西就近在眼前嗎？還是，有時候你必須在經驗和知識都大為增長後，才有辦法欣賞自己最熟悉和近在身旁的東西？」

他想了一會兒，點點頭，然後說道：「解讀並非只有一種，兩種可能都成立。」

*

曼德拉出獄後，人們以為他眼中的世界會是非黑即白。畢竟，他為了一個簡單明確的理念，犧牲了自己大部分的成年生活。當時的情勢已是正義和世人的普遍認同都站在他那一邊，種族隔離制度就算有支持者，也非常少。結果這個剛出獄的七十一歲老者，心思遠比人們預期的要細微許多。他瞭解白人的恐懼和黑人的挫折感；懂得部族主義的影響力和現代主義的力量；明白企業國有化的吸引力和自由市場的魅力；理解阿非利堪人對橄欖球的熱愛和自由鬥士對橄欖球的厭惡。他幾乎總是能體會每個議題的兩面觀點，他的預設立場是找出兩者之間的途徑，某種能調和對立論點的方法。部分原因是他有說服人和贏得人贊同的深層需求，但主要原因是他具有不帶意識形態的世界觀，而且能夠瞭解人類動機的繁複網絡。

我從他對待同志的方式，看出他深妙的理解力。他向來明白別人有複雜的動機，往往好與壞、高尚與卑鄙兼具。他曉得沒有人因為做了幾件特別好的事，就是大好人，或是因為做了幾件特別壞的事，就是大壞人。他從自己身上看得很清楚。我從他處理議題的方式，看出這一點。他知道沒有一方絕對高尚或正確。他跟我說過羅本島上抗議食物的事。相較於黑人，印度人和有色人種的伙食稍微好一點，肉比較多一點。黑人囚犯提出抗議，主張伙食應該一視同仁，他們的立場不難理解。不過，曼德拉卻花功夫和印度人及有色人種商議，他們擔心自己的伙食會因為「假平等」而變差。最後，曼德拉說服獄方提供所有人一樣而且較好的伙食。曼德拉瞭解各方的觀點，會和各方商談，努力調解各方的立場。

當然，不可能總是讓每個人都滿意。有時候情況很棘手，他理解雙方的看法，但必須贊同其中一方。他瞭解傳統非洲人對愛滋病和人類免疫缺陷病毒，抱持避而不談的態度，但他知道不提供國內數百萬病患抗病毒藥物是不對的。他希望拉馬弗薩做自己的繼任者，但瞭解親近同志偏好姆貝基的原因。而和溫妮離婚，大概是他一生中最痛苦的決定，他依舊覺得溫妮有許多優點，但曉得什麼才是自己應該做的事。正是由於他心中可以同時容納好與壞——他愛戀溫妮優點的回憶和體認溫妮對他的傷害，做決定因此是非常痛苦的事。

在為南非首度民主政府催生的談判過程中，曼德拉為了取得協議，做了許多重大的妥協。儘管許多同志堅決反對，他卻讓南非國民黨成員保住公職工作，而且組成聯合政府，讓戴克拉克當副總統。他明白國民黨的觀點，知道達到首要目標才是最重要的事。沒錯，有些原則不容商榷——一人一票的普遍民主體制——但除此之外，其他大部分的事都處於有商量餘地的灰色地帶。

灰色地帶不容易清楚說明。黑白分明由於簡單、絕對，因此吸引人。所以，在事實接近「兩者皆是」或「也許」時，我們往往傾向選擇「是」或「否」的答案。有些人會因為「是」或「否」顯得堅定，就選擇這種斷然的答案。可是，如果我們像曼德拉一樣，養成思考一個問題的兩面或多面性，在心中同時考量好與壞的習慣，可能就會發現用二分思考得不到的答案。這種思考法相當困難，因為即便我們堅信自己的觀點，卻必須對我們不贊同其意見的人設身處地。這需要意志的力量，也需要同理心和想像力。不過，就像我們在曼德拉身上看到的，結果將能得到可以完全稱之為智慧的報酬。

第十五堂課　找到自己的花園

即使在偏遠但美麗的島上，曼德拉也需要有個能獨處的地方——一個能讓他全神貫注尋找自我的地方。

早期的羅本島相當淒涼。獄監粗暴兇惡，囚犯做的勞動工作極其粗重，只被准許每六個月見一位訪客和收一封信。在曼德拉眼中，監獄外的世界看來一樣險惡：他的長子喪生於車禍，溫妮不時受到威脅，非洲民族議會的成員流亡國外，實施種族隔離政策的政府則勢力穩固。

於是，就在一九七〇年初的種種困頓中，曼德拉決定開闢一片菜園。

這事聽起來很簡單，其實不然。首先，他必須取得獄方許可，即使請求再單純，他們也會抱持懷疑，一個簡單的請求可能要耗費數月才會得到回應。曼德拉解釋，他想要為自己和獄友的伙食增添新鮮蔬菜，並且策劃了一連串的行動說服獄方答應請求。無數信件往返於各監獄管理單位之間，報告寫了，也徵詢了律師的意見。最後，獄方准許曼德拉在成排牢舍前的一片泥地上，開墾一片窄長的小菜園。

這片土地乾燥、貧瘠又多石礫。這塊菜園長約十一公尺，寬約一公尺，和成排的個人囚室平行並列。隨時有獄監監視曼德拉掘地和種植的工作。

起先曼德拉徒手開墾，但不久就取得工具：一把鏟子和一支耙子。他請親友寄來種子。其他人在下西洋棋、閱讀或院落上聊天時，他卻忙著耕耘菜園。其他囚犯對著這個老傢伙和他的菜園一笑置之，他卻非常自豪。

「那裡的泥土不好，」他告訴我：「但我卻種出一些好收成。」

他種植番茄、洋蔥、辣椒和菠菜。囚犯平常吃玉米粉做成的餐點，偶爾有肉片，獄方准許廚房拿他的收成為囚犯加菜。頭幾年，監獄官員對曼德拉和他的菜園還是抱持懷疑，他們認為他可能懷有某種他們想不出來的邪惡意圖。他們的反應把曼德拉逗得很樂。

「羅本島上到處是墳墓，」有天上午他這麼告訴我：「我在掘地開墾菜園時，挖出許多骨頭。我會把骨頭弄碎，放在太陽下曬乾，然後磨成粉當肥料用。有一天，老是緊張兮兮的指揮官走了過來，看到那些骨頭，就問我的一個同志：『這些是什麼骨頭？曼德拉拿骨頭做什麼？』他一副緊張的模樣。我的同志聳聳肩，說他不知道。然後指揮官找我問話：『曼德拉，你拿那些骨頭做什麼？』我告訴他：『我拿它們當肥料，把它們磨成粉，然後做肥料用。』指揮官還是不相信。我說：『很多人都知道骨頭可以做肥料。』可是，指揮官的態度仍舊有所保留，說道：『曼德拉，從現在起，我們會幫你到鎮上買肥料。你只要告訴我們你需要哪種肥料，需要多少，我們就幫你買來。以後不要再挖骨頭了。』我後來才明白，他以為我故意挖出老骨頭，聲稱囚犯被祕密埋在羅本島上，要讓獄方和政府難堪。」

曼德拉開始在給溫妮和其他人的信上提到自己的菜園，他談論那些植物和蔬菜狀況的模樣，彷彿是在談自己的孩子一般。他談到了季節、土壤和收成。有些人可能以為曼德拉把這些主題當象徵性的話題，但他其實只是談帶給自己喜悅的事。一九七〇年末期時，島上對待囚犯的方式漸漸沒那麼嚴苛，曼德拉會送蔬菜給獄監讓他們帶回家，獄方也准許他在院落外開墾第二座菜園。不久，獄監開始供給他種子，他則提供他們農產品。

我們共事期間，我從開普敦去了一趟羅本島。在我回來後的頭一次訪談時，我告訴曼德拉我去了羅本島。他的第一個問題，並非問我是否見過他的囚室、石灰採石場或是單獨禁閉區，而是「他們有讓你看我的菜園在哪裡嗎」？

事實上沒有。曼德拉在島上的時候，那些為我導覽的獄監還沒到島上。他們甚至不知道菜園的事。我把其他的地方都看遍了，但菜園已經沒了蹤影。曼德拉為此感到失望。

羅本島上的樂事很少，曼德拉的菜園成了他的私人島嶼，菜園能夠幫他靜下心來。他不時憂慮監獄外的世界、家人和自由抗爭運動，菜園可以轉移他的注意力。外頭有許多事枯萎破滅，他的菜園卻欣欣向榮。曼德拉的專注力一向很強，其他的囚犯特別提到他在耕種時，非常專心，整個人沉醉其中。「他熱愛那座菜園，」卡斯拉達這麼告訴我。

*

一九八二年曼德拉被移送至南非本島的波斯摩監獄之後，對農藝的熱誠有增無減。他和其他四個獄友共用牢舍三樓的一個大房間。三樓就只有他們幾個囚犯，他們還可以使用一個露天的大陽臺。曼德拉就用了三十二個對半切的四十四加侖油桶，填了土後，在這裡建造了一座令人讚嘆的菜園。他栽種了番茄、洋蔥、茄子、草莓、菠菜、包心菜、綠花椰菜、甜菜根、萵苣和白花椰菜。在每天的晨間運動後，他花兩小時照料菜園，下午又照料一回。這不再只是嗜好而已，農藝成了擺脫心事的時間，他可藉此做肯定生命和有創造力的事。

「如今我有非常好的土壤，」有一天他回憶道：「我們從監獄外買來的，我們也有非常好的肥料，噢，它們長得真好！」曼德拉一談起那座菜園，整個臉就煥發光彩。

他鑽研農藝，自掏腰包訂購關於農業和園藝的書。他有一次花了半小時向我解釋他使用的各種肥料，比方說鴿糞「非常危險，效力很強，必須很小心。撒一些粉末放入水中，只要稀稀的就好」。他談起肥料和談起政治一樣有權威。

他回想起自己種不好花生時，至今還是覺得很懊惱。「我必須承認自己不大懂得怎麼種花生，沒有一次長得好。」有一回指揮官要獄監向曼德拉要菠菜枝條要插枝用，因為他的菠菜長得好高，他談到這件事覺得很自豪。「那座菜園讓我充滿驕傲。我以前都會在星期天的時候送菜給所有的廚房工作人員。沒錯，每個星期天。」

一九八五年時，曼德拉被移送到開普敦接受攝護腺手術。回到監獄後，他被安置在一樓，和同志隔離了開來。那座菜園就此廢棄，他為此哀傷了好幾個月。

在一個沒有隱私和只擁有少數私人物品的世界，菜園是他僅有的一小塊完全屬於自己的地方。在一個他無法掌控、蔑視懲罰他，而且阻礙他價值觀和夢想的世界，菜園是具有美、規律性和更新力的地方。在那裡，努力會有所回報，季節依序更迭。種子長成植物，莖梗抽高，綠葉綻放。

曼德拉培育菜園的同時，也重溫兒時美好的回憶。他在獄中日記回憶道，父親死後他被帶到梅奎克齊尼時，見到酋長的花園「位於兩棵尤加利樹的樹蔭下……前面的花園有桃樹和玉蜀黍，後面更大的花園有蘋果樹、玉蜀黍，一長條的菜圃和花圃，以及一片金合歡樹」。那座花園令他驚嘆。

我們談話時，他有時會拿花園當隱喻。他說，人可以像植物那樣栽培。他有一次說道，每個人都應該耕耘自己的花園，但他明白表示，我們不需要像伏爾泰筆下的憨弟德[1]那樣，脫離現實才能做到。曼德拉認為自己的生命以服務他人為目的，而花園是離開世間紛擾動盪的喘息之地，因此花園能幫他善盡自己的主要任務。花園並非逃避之處，而是自我更新之處。

約翰生博士[2]曾說過，最讓人放鬆的事，莫過於專注於需要動腦但又不會太花腦力的愉快工作。對約翰生而言，這指的是是化學實驗器材；對曼德拉，則是一座花園。對我們其他人而言，可能又是完全不同的事。重要的是，是找到一件能帶給自己喜悅和滿足的遠離凡塵之事，一個「世外桃源」。

❶ 譯注：憨弟德（Candide），《憨第德》（1759）是伏爾泰所著的一部諷刺小說，主角被老師灌輸無可救藥的樂觀主義，後來卻橫遭現實打擊而醒悟，書中的結語是「我們必須耕耘自己的花園」。

❷ 譯注：約翰生博士（Samuel Johnson，1709-84），英國作家、評論家、辭書編纂者，編有《英語辭典》、《莎士比亞集》，作品有長詩〈倫敦〉、〈人類慾望的虛幻〉等。

誠如曼德拉有回對我所言，「你必須找到自己的花園。」

結語——曼德拉的禮物

是的，我接受了曼德拉的建議——瑪麗和我在一九九五年結婚。兩年後的聖誕夜，我們打電話給曼德拉，告訴他瑪麗懷孕了。他很高興。為了博君一笑，我跟他說要是是個男孩，我們就會為他取名「羅利赫拉赫拉」（Rolihlahla）。很少人知道曼德拉真正的名字是「羅利赫拉赫拉」，在科薩語中意指「搖樹的人」。開頭是震顫的r音，後頭則有兩個摩擦音，拼起來不容易，唸起來更難。我從沒聽過有人叫他那個名字，他也沒用過，所以我是把這話當一則自家人笑話。不過，曼德拉卻沒笑。電話中一陣靜默。是我發音不對嗎？還是他認為一個美國白人拿他的名字開玩笑，是很放肆的事嗎？過了一會兒，他說他要跟瑪麗講電話。我把話筒遞給瑪麗，瑪麗一打完招呼，我就聽到曼德拉霧喇叭[1]似的宏亮聲音說：「我等不及要見你們——和小羅利赫拉赫拉！」

幾個月後在醫院中，我們第一個兒子誕生後，一個臉色相當嚴峻的護士

❶ 譯注：霧喇叭，在船上或港口用來警告霧中船隻的響亮喇叭。

拿來寫字夾板要我們寫下兒子的名字。我和瑪麗兩相對望，想起聖誕夜的電話對話。不行，我們不能真的叫他那個名字……於是，我用穩穩的手以大寫印刷體寫下「蓋布瑞爾．羅利赫拉赫拉．史丹格」（GABRIEL ROLIHLAHLA STENGEL）。

我的兩個兒子年紀還小，但他們都和與自己同名的曼德拉見過幾次面。我們的小兒子安東（Anton）自己要求要有曼德拉的一個名字當中間名。我們告訴他，他可以用曼德拉的氏族名「馬迪巴」（Madiba），許多朋友都這麼叫他。這兩個男孩真的瞭解曼德拉是誰，他代表的意涵，以及他在他們生命中扮演的角色嗎？其實不然。在他們看來，曼德拉是個滿臉笑意的白髮老人，會擁抱他們、牽他們的手、問他們喜歡什麼運動，以及早餐愛吃什麼。可是有一天，他們會懂得。他們會知道他是誰，有什麼成就，而且是讓我們成為一家人的原因之一。他們會知道有一條特殊的金線將他們和這位超凡的歷史人物及其倡導的價值聯繫在一起。我真誠地盼望他們會因此成為更好的人，而且日後會試著回報這一份禮物。

當我想像著曼德拉給我兩個兒子的傳承時，想起他和長子那番令人心碎的對話。兒子問他為什麼無法和家人一起過夜，他回答因為有其他數百萬的兒童需要他。儘管這個回答聽起來難以理解，甚至相當苛刻，但這是曼德拉所做的簡單卻又可怕的盤算。曼德拉從自己的犧牲尋求許多事：希望將來其他的父母不需要對兒女說同樣的話；希望兒子被傳承的是一個自由的國家，他將不需要為自由而戰，自由就是他的基本權利。而從宏觀的角度來說，曼德拉希望自己的生命、價值觀與成就，和後世所有的子子孫孫有所聯繫。儘管他獨一無二，他卻會告訴你他只是一長串領導的一部分——這之中有前人也有來者，是為增長人類自由奮戰的偉大、強力的串連。

以曼德拉而言，他自小浸淫於領袖的模範。從撫養他長大的酋長身上，他學到聆聽和引導比命令式的統治重要。他坐在酋長的腳邊，聽著昔日科薩族酋長為族人而戰的故事，自視是非洲長久英雄傳統的傳人。從英國中小學校長身上，他學到學習、榮譽和紀律的重要。在福特哈爾大學，他聆聽戰時邱吉爾振奮人心的演說，看到一個領袖何以能鼓舞整個國家。從他在約翰尼斯堡的第一位導師席蘇魯身上，他學到如何以實事求是和務實的方式追尋目標。從他的法律合夥人和友人譚波身上，他學會控制情緒，有耐心，以及不要急於反應。在曼德拉監禁數十年前，有一次到國外旅行，坦尚尼亞總統朱利斯・尼雷爾（Julius Nyerere）一派「人民之子」的風範，居所樸素和以小車代步，令他欽佩。在衣索比亞的首都阿迪斯阿貝巴，海爾．塞拉西的帝王尊貴和奇特的軍禮服，令他印象深刻。在羅本島上，他在許多方面都是自己的老師，但從終生友人席蘇魯（由於他睿智過人，其他的囚犯稱他為「阿拉」）身上，他學會如何雅納不同的觀點、與對手和解，以及如何求得共識。

即使是在出獄和成為南非首任民主選舉的總統之後，曼德拉依舊持續向其他的領導者學習。他告訴我，老布希總統將他納入親自拜訪的世界領袖名單時，他覺得非常開心又光榮，也欣賞老布希的寬宏氣度。柯林頓總統散發的溫暖、活力和年輕朝氣深深吸引曼德拉，他見識到柯林頓那種較為輕鬆的領導方式效果良好。從英國首相布萊爾身上，他學到領導者能對人民闡釋理念和政策有多麼重要，即使在選民不贊同那些理念和政策時也不例外。

由於「烏班圖」這個非洲概念，大概是西方人所謂的「兄弟情誼」，領導串連的意象對曼德拉的意義格外重大。筆者曾在第四堂課提到這個概念，對瞭解曼德拉的思考方式和自我定位至關重大。「ubuntu」這個字來自一句祖魯族諺語「Umuntu ngumuntu ngabantu」，往往翻譯成「一個人要透過他人，才得以成人」。意即個人無法獨立成就任何事，這個觀念和文藝復興時期以降，成為西方世界特質的個人主義，有如南轅北轍。「烏班圖」不著重個人，而是視之為人類無限複雜網絡中的一部分。在這個概念裡，每個人都和其他人緊緊相繫，「我」總是隸屬於「我們」之下，沒有人是孤島。

曼德拉有時談起某個孫子，我會說：「可是某某並非你的孩子的孩子。」他會搖頭笑著說：「在我們的文化，親戚的孩子都算是孫兒。」西方人對家譜關係的一絲不苟，讓曼德拉覺得很好笑。在他的觀念裡，所有人都是同一個大家譜的分支，這就是烏班圖。

儘管我們可能和曼德拉都有些關聯，但他還是獨立於我們所有人之外，是比我們還巨大之物的化身，也是最好人類的具體象徵。他的經歷既獨特卻又普遍。他感動我們，因為他是原型英雄的現代範例——一個荒僻鄉野之人遭天降大任，接下重大的挑戰，承受無比的考驗和不幸，差點就失敗，卻重新活躍起來，帶來和睦。我們在佛陀、摩西、穆罕默德和耶穌身上，都看到同樣的故事。曼德拉的一生有著類似的歷程，也引發同樣的回響。

*

一如其他偉大的人物那般，曼德拉讓人產生信任感。信任是領導力的基礎。

我們信任誠實、有才幹，以及懷抱發展願景的領袖。這種信任感有更深的層次，我們信任表裡一致的領袖。以曼德拉而言，他實際上就是他外表看起來的那個人。他公開擁護的價值觀，私下也親身實踐。在我們共事的整個期間，他不曾挨近我的身子，這麼說：「嗯，這只是私下和你說說，某某其實是個討厭的傢伙。」曼德拉充滿矛盾，但並不虛偽。

當然，這並不表示他從不讓人失望，有時甚至會小心眼。他有時候沒有處理該處理的問題，沒有實踐承諾。他曉得鄭重其事和謙遜在公眾眼中是好德行，但私底下不見得是種美德。他有慾望，也不會加以掩藏，儘管他努力克制慾望。曼德拉之所以偉大，並非因為他沒有缺陷，而是因為他戰勝自己的缺陷。

我有次問他，在他出獄後，發現自己名氣大噪，他的臉孔出現在數百萬的海報和T恤上，是否感到訝異。我說他成了「活傳奇」，尋他開心。

「我才不是，」他幾乎有點反感地回應，「別人把你當彌賽亞，不是好事。在這種情形，人們到頭來只會失望。他們應該知道領袖有血肉之軀，是個凡人。我希望人們這麼看我。要是他們把你當救世主，對你的期望就太高了。人們把你當英雄，沒問題，但不要當傳奇人物。」

世人不但讓曼德拉成了名人，也將他濫情化，讓他變成一個黑人版的「聖誕老人」，一個為道德目標做出不可思議的犧牲的老好人，以及一個純善的微笑象徵。無論算不算是英雄，他絕非不食人間煙火的天使。他一生做過許多困難的抉擇——這些決定可能不正確或不公平，可能傷害到其他人，甚至讓他們付出生命的代價。他明白，領導地位往往意指必須在兩害之間取其輕，好人也必須做出導致壞結果的決定。

同時，做困難的抉擇並不一定要違反首要原則。曼德拉說得好，在追求目標的路上，你必須時時思考目標。他有時會引述甘地的這句話：「成為你要尋求的改變。」曼德拉可以寬容一切，唯獨對不寬容例外。他絕不會用具有種族歧視的目標來終止種族歧視。高尚的目標不應該用卑劣的手段取得，實事求是的手段可以接受；可恥的手段則不行。

正是這種務實的態度而非只是謙虛，讓曼德拉不願被人視為救世主。這類的說法把標準訂得太高。說到底，他不想做太多的承諾，卻沒有加以實現——政治人物這麼做是自毀前途，更別提是彌賽亞。

於是我問他，傳奇人物和英雄的差別在哪裡？「你曉得的，傳奇人物非常少，極為罕見，也無人親眼目睹過。不過，南非今日卻有數千位英雄。英雄是抱有某種信念，膽識過人，可能為了群體利益而拿自己生命冒險的人。」曼德拉曉得自己已經成為英雄，但即便是英雄也要仰賴前人的努力為基礎。由於曾有無數男女拿自己的生命冒險，他才能做同樣的冒險；由於有無數男女曾做出不為人知、遭人忘卻的英勇之舉，他才能展現自己的英勇之舉。

勇氣根植於當下。曼德拉是哲學上所謂的唯物論者。他不相信任何他無法觸及的東西，而且長久以來不倚賴，也避談超凡存有。他倚賴的是同志，而非遙遠的神祇。他不靠祈禱；他思考，然後行動。對那些主張事物發生必有其原因的人，曼德拉會說，「我們」就是原因，我們就是讓事情發生的人。我們的結局不由命運塑造，而是由自己塑造的。

*

領導者說自己一生沒有遺憾，已是陳腔濫調，彷彿承認有遺憾是軟弱的證據。曼德拉就有許多遺憾。在大議題上，他相信自己選擇了正確的道路，但他知道自己沿路拐錯了不少彎。他的缺憾來自尋思不曾做的選擇會帶來什麼樣的結果，以及犧牲私生活是否值得。他會說值得，但傷痛並未因此減少。

克里斯·哈尼被刺殺後，我和曼德拉到哈尼家探訪他的遺孀。曼德拉和她單獨說話後，對在場的二十多人發表談話。他對哈尼太太身有同感，旁人看得出來。她是非常堅強的女子，曼德拉說：「但她的創傷是肉眼不可見。無形的傷口非常痛苦，比看得見的傷口還令人難受。」我覺得很顯然，這話也是在說他自己。

我們最後一次正式訪談，是一個週末上午在曼德拉豪頓區的房子進行。我一向努力鼓勵他做較為詩意和哲學性的陳述，但他幾乎總是迴避開來。在這最後一天，我想要他多做點內省，但對我所有的問題，他照例提出就事論事和以政策為導向的回答。然而，到了訪談尾聲時，在我一再追問下，他頓了一下，看著窗外，說道：「人來，人往。我已來，當我的時候到了，自會離去。」即便在他侃侃而談的時候，說的話也切合實際。

訪談時間結束時，他站了起來，我上前握他的手。我知道自己可能有好一段時間不會再見到他，我們這場親密無比的旅程，已經到了終點，我用另一隻手臂攬著他的肩膀。曼德拉並非善於用肢體表達情感的人，但沒一會兒，他就把手臂搭上我的手臂，將我拉近他，抱入懷中。在那一刻，我情不自禁緊擁住他。我可以感覺到他的後腦杓頂著我的後腦杓，他的手臂貼著我的手臂上。我知道他感受到我的情緒激動，而我盡量忍住眼淚。即使高齡七十五歲，他的身姿還是挺拔結實。在那當下，我不由得想到身高一六〇公分的艾迪．丹尼爾斯，這位羅本島的囚犯提到當他覺得非常沮喪時，只要看著曼德拉、觸摸他、擁抱他，就能獲得安慰和鼓舞，重獲活下去的意願。我想到數十年來，數百個，也許有數千個身在危險可怕的處境、陷於恐懼絕望，以及面臨痛苦甚至瀕臨死亡的人，曾經緊抱曼德拉來求得撫慰和力量。他瞭解這一點，所以讓我緊抱著他。

過了好一會兒，他說好了，於是我們鬆開彼此的身體。我往後退，目送他緩緩走上樓。

＊

我們共事關係結束後的多年間，我又和曼德拉見過好幾次面。可是，要是我說我們重溫訪談時的那種親密，或是我不曾渴望有那樣的感覺，就是在撒謊。事實上，我變成有如那些曾在非常艱難困苦的環境下，和曼德拉一起生活的數百人，他們一旦出獄，就失去那種強烈的聯繫感。我訪談過與結識的數十名政治犯，都說他們最懷念監獄的少數事之一，也許是唯一想念的一件事，就是和編號四六六六四囚犯的每日密切又強烈的聯繫。我也一樣懷念。不過，我也明白，就像那些人都明白，那種聯繫無法重建，那是特定時空的產物。儘管如此，那種聯繫的強烈感卻絲毫不減。我們每個人都把一小部分的曼德拉藏在心裡。

說來奇怪，我和曼德拉共事撰寫他的自傳時，我必須將他和他的想法內化。我常常自問：「在這種情況，曼德拉會怎麼做？」這是效力驚人的練習。總是讓我成為更好的人——變得更沉穩、理性和寬厚，至少在那個當下是如此。我希望自己能說那些是永久的改變，但那些特質往往不久就消失了。不過，曼德拉的表率長存我心，我也希望能長存各位讀者之心。儘管曼德拉的人生境況與我們的生活相差甚遠，但他的榜樣讓我們有所依恃，提供了一套可指引我們通過逆境的準則和價值觀。

瑪麗和我還沒結婚前，有一天曼德拉對她說：「我祝福妳，因為理查是我的兒子。」他說我是他的兒子，我聽了很高興，我愛他，但我也知道我有無數的兄弟姊妹。

謝辭

我會寫成這本書，以及如今和南非有終生的關聯，是出於機緣湊巧。Susan Murcko和Jann Wenner在八〇年代南非黑人區暴亂縱火四起之時，大膽派我到南非為《滾石》雜誌做採訪。我把那篇雜誌專題擴展成一本書，Alice Mayhew做了絕佳的編輯工作，並出版了那本書。向來大方的Dick Stolley送了一本我的書給Bill Phillips，Bill當時正在找一位能和曼德拉合作的作家。Bill一個晚上讀完那本書，隔天就打電話來，給了我一個無法拒絕的大好工作機會。Bill是曼德拉回憶錄的睿智優秀的編輯，在那場改變我一生的重大旅程上，他也始終是個愉快的同伴。多年後，我在《時代》雜誌的能幹同事——Romesh Ratnesar、Michael Elliott和Bobby Ghosh——鼓勵我為雜誌撰寫曼德拉九十大壽的封面故事。Josh Tyrangiel運用生花妙筆，讓我那篇文章不再平凡無奇。

曼德拉紀念中心的非凡職員——Achmat Dangor、Verne Harris和Sahm Venter

——慷慨無比又知識淵博，對我那篇封面故事和這本書助益良多。了不起的卡斯拉達曾和曼德拉共度漫漫牢獄生涯，以他的洞見，更重要是他的友誼，讓這本書的內容更加充實。

我的經紀人Joy Harris在本書的寫作期間，一直在旁給予堅定的支持。我的助理——無與倫比的Tosca LaBoy，提供的協助不知凡幾。Chris Whittle和Priscilla Whittle不但提供我世上最美麗的寫作地點，也給了我歷久不衰的友誼。我的老闆John Huey一路熱心鼓勵這本書，而且也教我懂得許多領導事務。在《時代》雜誌，頂尖的Ali Zelenko及其傑出的公關部成員Betsy Burton和Daniel Kile，照例有出色的表現。

Rachel Klayman是位深思熟慮又具有創造力的編輯，她的細心讓這本書大為增色。不管什麼時候，我都會找她為我編輯文字。Jenny Frost和Tina Constable熱烈支持本書的寫作計畫，Penny Simon在行銷工作上的成就驚人，而Crown出版集團的整個工作團隊始終充滿熱誠。

我要感謝我的妻子瑪麗，她是我和南非的永久聯繫，從許多方面來說都是本書的靈感來源。

最後，獻給蓋布瑞爾和安東，這些是老傢伙知道的事。

南非年表

西元前數千年　桑人和科伊科伊人的祖先定居於非洲南部。

西元四世紀北方的部族南下，和原有的桑人和科伊科伊人共同生活於非洲南部。

一四八八　葡萄牙航海家迪亞士（Bartolomeu Dias）是首位抵達非洲南端（今日的好望角）的歐洲人。

一六五二　荷蘭東印度公司在好望角設立船舶補給基地，創立開普殖民地（Cape Colony），荷蘭、日耳曼和法國等歐裔清教徒移民開始移入，日後將成為阿非利堪人。

＊阿非利堪人（Afrikaan/Afrikaner），操阿非利堪斯語的歐裔白人，早期外人稱其為布爾人。布爾人（Boer），在荷蘭語中意指「農夫」。阿非利堪斯語（Afrikaans）屬於日耳曼語言，十七世紀由荷蘭語發展而來，通行於非洲南部。

一七九五　英國人從荷蘭人手中奪下開普殖民地。
一八〇三　荷蘭和英國訂約取回開普殖民地。
一八〇六　英國重新佔領開普殖民地。
一八八六～一八二八　祖魯王國稱霸南非東南部。
一八二〇　英國人開始移民。
一八三〇年代　布爾人開始向內陸遷徙，往後分別建立川斯瓦共和國和橘自由邦。
一八六七　發現鑽石。
一八八〇年代　發現黃金。
一八九八　白人殖民者結束長期與科薩和祖魯部族的爭戰，至此徹底主宰南非。
一八八〇～一八八一；一八九九～一九〇二　英國人和布爾人發生布爾戰爭，英國人征服布爾人。
一九一〇　英國人和布爾人同意合併建立南非聯邦（The Union of South Africa），創建過程完全排除黑人參與。
一九一二　非洲民族議會（African National Congress）創立，主旨是要終止白人統治，創造多種族平等共存和共治的南非。一九九四年登記為政黨。

一九一八　曼德拉誕生。
一九二七　曼德拉的父親去世，瓊金塔巴酋長成為他的監護人。
一九三四　曼德拉接受成年禮。
一九三七　曼德拉進入福特哈爾大學，結識譚波。
一九三九　曼德拉和譚波因學生抗議事件被迫離校。
一九四一　曼德拉前往約翰尼斯堡，結識席蘇魯。
一九四二　曼德拉完成南非大學函授課程的法律學業。
一九四三　曼德拉加入非洲民族議會。
一九四四　席蘇魯、譚波和曼德拉共創「非洲民族議會青年團」，企圖組織民眾運動，讓非洲民族議會活躍起來。曼德拉和伊芙琳·梅絲結婚。
一九四八　南非國民黨當選為執政黨，厲行正式定名為「種族隔離政策」的各項種族隔離法規。不但占南非總人口百分之二十的白人擁有全國百分之八十的土地，非白人也沒有參政權。

*南非國民黨（National Party），一九四八～一九九四年間的南非執政黨，其黨員以阿非利堪人為主。一九一四年創立。一九九八年改名為新國民黨。二〇〇五年解散。

＊種族隔離政策（apartheid，在阿非利堪斯語中意指「隔離」），支配南非少數白人和多數非白人關係的政策，此後一連串的相關法規讓白人得以在政治和經濟上對非白人採取歧視作法。《人口登記法》將所有南非人區分為班圖人（所有南非黑人）、有色人種（混血種族）、白人和亞洲人。《禁止不同種族通婚法》和《防範敗德法》禁止不同種族通婚，也不允許非白人和白人有性行為。《種族區域法》為每一種族在城市區域設定特定的居住和商業區段，其他種族不得在這些區段內區住、經商或擁有土地。政府加強執行以往即有的《通行證法》，非白人進入禁制區時必須攜帶通行證，以後更規定必須隨身攜帶。其他一些法律並進而在公共設施、教育機會和工作種類上按種族分隔，並且對非白人多所限制。此外，政府為黑人重新建立部落組織，創立十個非洲人家園，迫使數百萬黑人移居到指定的地點。

一九五二　非洲民族議會推行採取非暴力手段的「反抗不公法律運動」，這項運動讓組織成員激增。曼德拉取得律師執照，和譚波共創南非第一家黑人法律事務所。

一九五三　曼德拉轉入地下活動。

一九五五　非洲民族議會與數個反種族隔離運動組織共同發表「自由憲章」，主張建立一個各民族平等共存的國家。

一九五六　叛國大審判。

＊叛國大審判（Treason Trial），一百五十六人（包括黑人、印度裔、白人和有色人種）被控意圖以武力顛覆政府，建立共產主義政府，一九六一年的判決結果是全數無罪開釋。

一九五八　曼德拉和溫妮結婚。

一九五九　非洲民族議會有部分成員反對「自由憲章」，脫離組織另外成立「泛非主義者議會」（Pan Africanist Congress）。

一九六〇　沙佩維爾事件，非洲民族議會和泛非主義者議會被禁，領袖紛紛流亡國外。

＊沙佩維爾事件（Sharpeville uprising），反抗《通行證法》規定年滿十六歲以上的非白人必須隨身攜帶通行證，證件不全者隨時會遭到逮捕，這是反不公法令運動的一部分。警察開槍射殺示威的黑人，造成六十九人死亡，一百八十人受傷。

一九六〇　非洲民族議會主席盧圖利因領導非暴力反種族隔離抗爭運動，獲頒諾貝爾和平獎。

一九六一　曼德拉和席蘇魯等人成立非洲民族議會的武裝支派「民族之矛」。

一九六〇年代　國際社會開始抵制南非，南非被迫退出大英國協，成立南非共和國（The Republic of South Africa）。南非不得參加奧林匹克運動會。

一九六二　曼德拉被捕，罪名是非法出國和煽動罷工，被判刑五年。

一九六三　利沃尼亞審判。

*利沃尼亞審判（Rivonia trial），一九六三年在獄中的曼德拉和其他幾位人士以叛亂、圖謀暴力等罪名遭到起訴，即著名的「利沃尼亞審判」，利沃尼亞是約翰尼斯堡一處高級郊區，來此突擊搜索的警方發現「民族之矛」的總部藏有大批武器和攻擊計畫書，並逮捕該組織的十七名領袖。多人在一九六四年被判處無期徒刑。

一九六四　曼德拉被判終生監禁，押解至羅本島。

*羅本島（Robben Island），南非開普敦桌灣中的一個小島，因在種族隔離時期長期囚禁政治犯而聞名。一九九九年被聯合國教科文組織列入世界遺產名錄。島上監獄現已改建為羅本島博物館。

一九六八　曼德拉母親去世，長子死於車禍。

一九七三　聯合國宣布種族隔離制度為「危害人類罪」。

一九七五　祖魯族領袖布特萊齊脫離非洲民族議會，另創印卡塔自由黨。

*印卡塔自由黨（Inkatha Freedom party），成立於一九七五年的反種族隔離組織，成員以祖魯族人為主。在一九八〇年代常因種族問題和非洲民族議會爆發流血衝突。布特萊齊也是現任黨魁。

一九七六　索韋托事件，黑人高中生抗議學校強制使用阿非利堪斯語，警方以武力鎮壓，陸續的衝突造成數百人死亡，上千人受傷。
一九七七　聯合國對南非實施武器禁運。溫妮被放逐到偏遠的黑人區。
一九八二　曼德拉和席蘇魯等人從羅本島移送至本島的波斯摩監獄。
一九八三　聯合民主陣線成立，聖公會主教戴斯蒙．屠圖為主要的發言人。
*聯合民主陣線（United Democratic Front），創立於一九八三年的反種族隔離運動組織，底下涵蓋將近六百個團體，以不分種族、行業和身份為號召。
一九八四　屠圖主教獲頒諾貝爾和平獎。
一九八五～一九八九　黑人區發起「無法治理」運動，暴動與暴力事件層出不窮，政府宣布國家進入緊急狀態。
一九八九　波塔總統和曼德拉會面。戴克拉克繼任波塔為總統。
一九九〇　曼德拉被釋放出獄。非洲民族議會等數個反種族隔離組織解禁。
一九九一　曼德拉成為非洲民族議會主席。
一九九三　曼德拉和戴克拉克獲頒諾貝爾和平獎。
一九九四　南非舉行首次不分種族的民主選舉，非洲民族議會黨大勝，曼德拉成為總統，戴克拉克為副總統。

一九九五　「真相與和解委員會」成立，調查一九六〇～一九九四年間政府和反種族隔離運動組織違反人權的暴行。南非跳羚隊在世界杯橄欖球賽獲得冠軍，是促成白人和黑人和解的一大進展。

一九九六　訂定禁止種族歧視的新憲法。曼德拉和溫妮離婚。

一九九八　曼德拉在八十大壽當天和格拉薩．馬謝爾結婚。

一九九九　曼德拉卸任。非洲民族議會黨贏得大選，姆貝基接任總統。

二〇〇二　曼德拉質疑政府對愛滋病的危機處理不當。當時南非有百分之二十的成人人口，約四百七十萬人患有愛滋病。

二〇〇二～二〇〇三　曼德拉批評小布希總統對伊拉克的政策。

二〇〇四　非洲民族議會黨贏得大選，姆貝基連任。「曼德拉回憶和紀念中心」成立。

二〇〇三／二〇〇五／二〇〇八　「46664音樂會」分別在南非、西班牙、英國和挪威等地舉行，為「46664愛滋病基金會」募款。46664是曼德拉的囚犯號碼。

二〇〇五　曼德拉僅存的兒子死於愛滋病。

二〇〇七　曼德拉、馬謝爾、屠圖總主教、卡特總統、前聯合國秘書長安南等人組成「長老會」，希望以他們豐富的經歷和智慧為全球的重大議題效力。

二〇〇八　曼德拉批評穆加比總統利用恐懼、暴力和威嚇手段在辛巴威持續掌權。

二〇〇九　非洲民族議會黨贏得大選，朱瑪擔任總統。南非訂定，聯合國大會也宣布曼德拉的生日七月十八日為「曼德拉紀念日」，以茲紀念他對人類自由所做的貢獻。